Ênio Silveira

Engenheiro mecânico pela Universidade Federal do Ceará – UFC.
Engenheiro eletricista pela Universidade de Fortaleza – Unifor.
Diretor pedagógico do Sistema ATS de Ensino.
Professor de Matemática e Física em escolas particulares do estado do Ceará.

MATEMÁTICA

Caderno de Atividades 2

5ª edição

MODERNA

© Ênio Silveira, 2019

MODERNA

Coordenação editorial: Mara Regina Garcia Gay
Edição de texto: Iasmin Ferreira Silva, Paulo César Rodrigues dos Santos
Gerência de *design* e produção gráfica: Everson de Paula
Coordenação de produção: Patricia Costa
Suporte administrativo editorial: Maria de Lourdes Rodrigues
Coordenação de *design* e projetos visuais: Marta Cerqueira Leite
Projeto gráfico: Bruno Tonel
Capa: Bruno Tonel, Daniel Messias
   Ilustração: Ivy Nunes
Coordenação de arte: Wilson Gazzoni Agostinho
Edição de arte: Adriana Santana
Editoração eletrônica: Teclas Editorial
Coordenação de revisão: Elaine Cristina del Nero
Revisão: Alessandra Félix, Edna Luna, Vera Rodrigues
Coordenação de pesquisa iconográfica: Luciano Baneza Gabarron
Coordenação de *bureau*: Rubens M. Rodrigues
Tratamento de imagens: Fernando Bertolo, Joel Aparecido, Luiz Carlos Costa, Marina M. Buzzinaro
Pré-impressão: Alexandre Petreca, Everton L. de Oliveira Silva, Marcio H. Kamoto, Vitória Sousa
Coordenação de produção industrial: Wendell Monteiro
Impressão e acabamento: HRosa Gráfica e Editora
Lote: 752889
Cod: 24119768

Dados Internacionais de Catalogação na Publicação (CIP)
(Câmara Brasileira do Livro, SP, Brasil)

Silveira, Ênio
   Matemática: caderno de atividades / Ênio Silveira.
– 5. ed. – São Paulo : Moderna, 2019.

   Obra em 5 v. do 1º ao 5º ano.

   1. Atividades e exercícios 2. Matemática (Ensino Fundamental) I. Título.

19-25636   CDD-372.7

Índices para catálogo sistemático:
1. Matemática : Ensino Fundamental 372.7
Maria Paula C. Riyuzo – Bibliotecária – CRB-8/7639

ISBN 978-85-16-11976-8 (LA)
ISBN 978-85-16-11977-5 (LP)

Reprodução proibida. Art. 184 do Código Penal e Lei 9.610 de 19 de fevereiro de 1998.
Todos os direitos reservados
EDITORA MODERNA LTDA.
Rua Padre Adelino, 758 – Belenzinho
São Paulo – SP – Brasil – CEP 03303-904
Vendas e Atendimento: Tel. (0_ _11) 2602-5510
Fax (0_ _11) 2790-1501
www.moderna.com.br
2022
Impresso no Brasil

1 3 5 7 9 10 8 6 4 2

Apresentação

Estimado(a) aluno(a),

Este Caderno de Atividades foi elaborado com muito carinho para você!

Aqui você vai aplicar e melhorar seus conhecimentos em Matemática por meio da resolução de muitos exercícios.

O Caderno de Atividades está organizado em tarefas com exercícios variados que retomam os assuntos estudados no livro. Ao final de cada tarefa, há um desafio que vai exigir de você uma solução mais criativa.

Então, mãos à obra! Aproveite!

O autor

*Aos meus filhos:
Priscila, Ingrid e Ênio Filho,
minha inspiração, minha vida.*

Ênio Silveira

Sumário

Unidade 1 Os números 5
Tarefa 1, *5* ▪ Tarefa 2, *7* ▪ Tarefa 3, *9* ▪ Tarefa 4, *11* ▪ Tarefa 5, *13*

Unidade 2 Adição 15
Tarefa 6, *15* ▪ Tarefa 7, *17* ▪ Tarefa 8, *19* ▪ Tarefa 9, *21*

Unidade 3 Subtração e operações inversas 23
Tarefa 10, *23* ▪ Tarefa 11, *25*

Unidade 4 Figuras geométricas 27
Tarefa 12, *27* ▪ Tarefa 13, *29*

Unidade 5 Mais números 31
Tarefa 14, *31* ▪ Tarefa 15, *33* ▪ Tarefa 16, *35* ▪ Tarefa 17, *37*
Tarefa 18, *39* ▪ Tarefa 19, *41* ▪ Tarefa 20, *43* ▪ Tarefa 21, *45*

Unidade 6 Figuras geométricas planas 47
Tarefa 22, *47* ▪ Tarefa 23, *49*

Unidade 7 Medidas de comprimento, massa e capacidade 51
Tarefa 24, *51* ▪ Tarefa 25, *53* ▪ Tarefa 26, *55* ▪ Tarefa 27, *57*
Tarefa 28, *59*

Unidade 8 Mais adições e subtrações 61
Tarefa 29, *61* ▪ Tarefa 30, *63* ▪ Tarefa 31, *65* ▪ Tarefa 32, *67*
Tarefa 33, *69* ▪ Tarefa 34, *71* ▪ Tarefa 35, *73* ▪ Tarefa 36, *75*
Tarefa 37, *77* ▪ Tarefa 38, *79*

Unidade 9 Localização e deslocamento 81
Tarefa 39, *81*

Unidade 10 Multiplicação 83
Tarefa 40, *83* ▪ Tarefa 41, *85* ▪ Tarefa 42, *87*

Unidade 11 Divisão 89
Tarefa 43, *89* ▪ Tarefa 44, *91* ▪ Tarefa 45, *93*
Tarefa 46, *95* ▪ Tarefa 47, *97*

Unidade 12 Medidas de tempo e temperatura 99
Tarefa 48, *99*

Unidade 1 — Os números

Tarefa 1

1 Preencha os espaços com os números correspondentes à quantidade de argolas em cada caso.

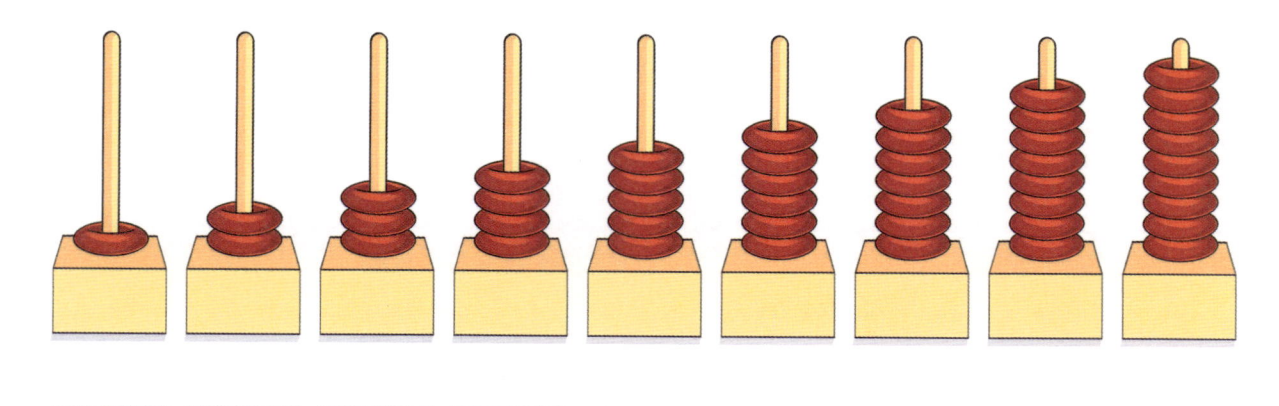

_____ _____ _____ _____ _____ _____ _____ _____ _____

2 Observe o exemplo. Depois, conte os palitos de sorvete, escreva o número correspondente ao lado e preencha o quadradinho com os sinais = ou ≠.

Exemplo:

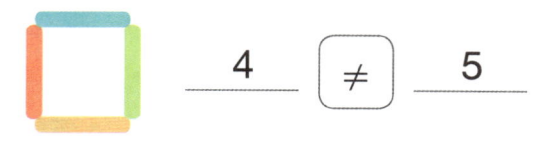

__4__ ≠ __5__

a) ___ ☐ ___

b) ___ ☐ ___

c) ___ ☐ ___

cinco 5

Unidade 1 — Os números

3 Observe as imagens e responda às questões.

a) Quais são os números que aparecem nas imagens? _____

b) O que significa cada um desses números?

_____

_____

4 Cerque com uma linha os números que são menores que 5.

2   4   3   5   7   6   1   0

5 Quantos carros estão desenhados abaixo? _____

Desafio

No empilhamento ao lado, há quantos cubos de cada cor?

_____ cubos verdes.

_____ cubos laranja.

_____ cubos rosa.

_____ cubos azuis.

6 seis

Unidade 1 — Os números

Tarefa 2

1 Escreva o número correspondente à quantidade de cilindros de cada coluna.

_____ _____ _____ _____ _____ _____ _____ _____ _____

2 Complete as sequências com os números que estão faltando.

a) 1 < _____ < _____ < 4 < _____ < 6

b) 3 < _____ < _____ < _____ < _____ < 8

c) 8 > _____ > _____ > 5 > _____ > 3

d) 9 > _____ > _____ > _____ > _____ > 4

3 Pinte o peixe de acordo com o código.

Código
• Vermelho
•• Amarelo
••• Verde

sete 7

Unidade 1 — Os números

4 Continue escrevendo, por extenso, os números até nove.

zero   um   _____   _____   _____

_____   _____   _____   _____

5 Observe o exemplo e complete.

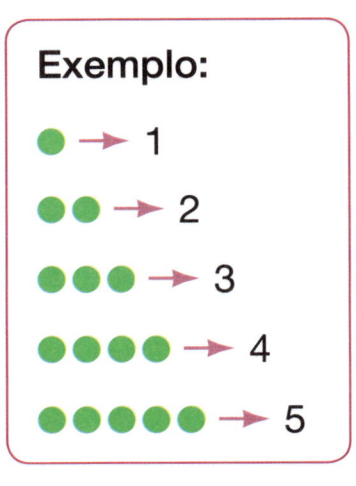

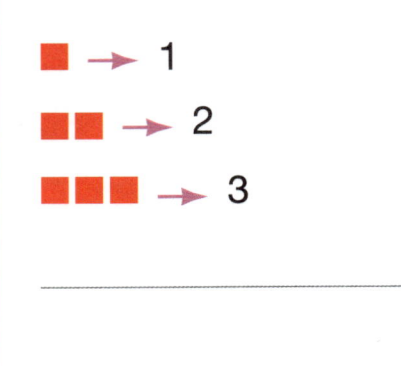

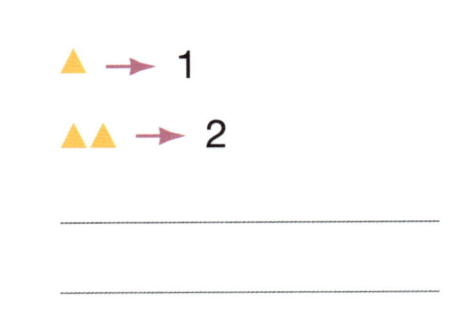

Exemplo:
● → 1
●● → 2
●●● → 3
●●●● → 4
●●●●● → 5

■ → 1
■■ → 2
■■■ → 3
_____
_____

▲ → 1
▲▲ → 2
_____
_____
_____

6 Desenhe uma casa com três janelas e uma porta. Depois, desenhe duas árvores ao lado dela.

Desafio

Observe a sequência de peças de dominó e complete as duas que estão em branco.

8 oito

Unidade 1 — Os números

Tarefa 3

1 Desenhe o que se pede. Depois, pinte o painel com o número, na forma digital, que representa a quantidade de objetos em cada caso.

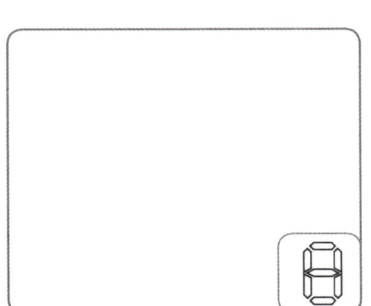

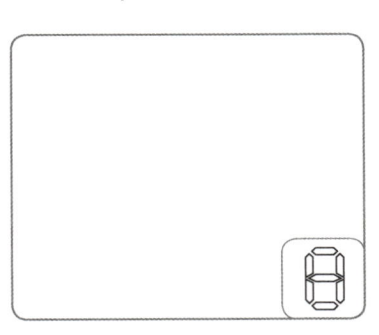

a) Uma borracha   b) Duas bolas   c) Três lápis

2 Ligue as peças do dominó às peças numeradas correspondentes.

1 | 3   4 | 2   5 | 6   0 | 4

3 Escreva os números a seguir em ordem crescente, usando o sinal < (menor que).

④ ⑧ ① ③ ⑤ ⑨ ②

_____

4 Escreva os números a seguir em ordem decrescente, usando o sinal > (maior que).

⑥ ⑧ ③ ① ⑤ ⑦ ⑨

_____

nove 9

Unidade 1 — Os números

5 Complete com os sinais = ou ≠.

a) 4 ☐ 4

b) 2 ☐ 1

c) 6 ☐ 3

d) 7 ☐ 3

e) 1 ☐ 1

f) 5 ☐ 2

g) 8 ☐ 4

h) 3 ☐ 3

i) 7 ☐ 7

Desafio

Marque na cena B as oito diferenças entre os dois desenhos.

A

B

Unidade 1 — Os números

Tarefa 4

1 Observe este carro de Fórmula 1.

a) Nele aparece pintado o número _____.

b) O carro tem _____ pneus.

2 Conte e escreva a quantidade de insetos que há em cada coluna.

3 Raquel, Renata e Daniela são irmãs.

Raquel tem 8 anos, Renata tem 5 anos, e Daniela, 7 anos. Agora, complete as afirmações a seguir.

a) _____ é a mais velha.

b) _____ é a mais nova.

onze 11

Unidade 1 — Os números

4 Veja os símbolos que Mário e Bruno criaram para representar os algarismos de 0 a 9.

0	1	2	3	4	5	6	7	8	9
●	✚	■	▲	★	▮	⏺	⊢	▲	✖

a) Que número será formado se juntarmos os símbolos: ▮ ⊢ _____

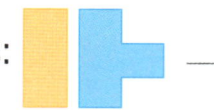

b) Utilize os símbolos do quadro acima para representar os seguintes números.

36 _____   92 _____

Desafio

Complete as sequências.

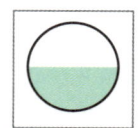

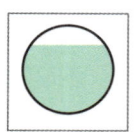

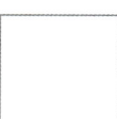

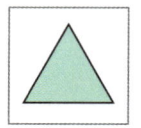

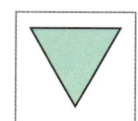

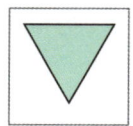

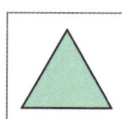

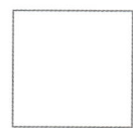

Unidade 1 — Os números

Tarefa 5

1 Ligue os pontos do menor número para o maior e pinte a figura formada.

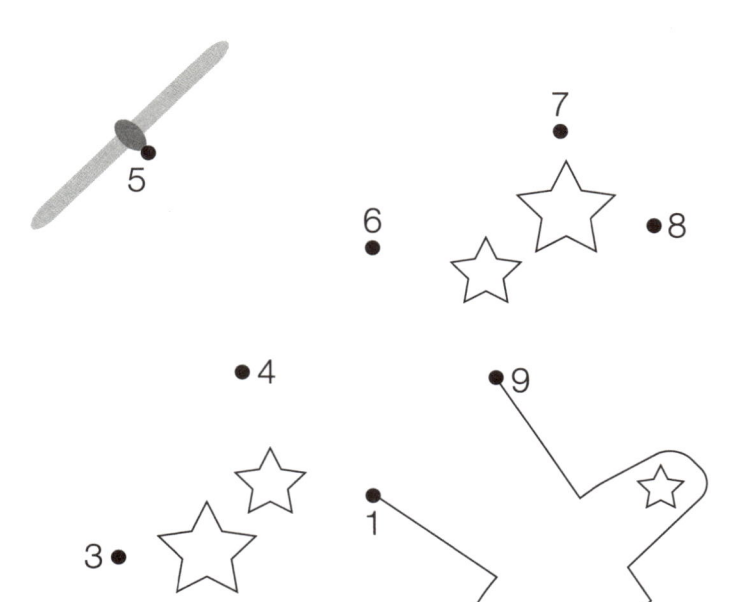

2 Quantos pontos há em cada peça de dominó?

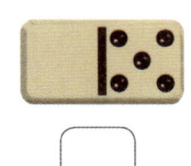

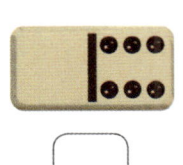

3 Complete as frases, usando os números abaixo.

| 2 | 7 | 8 | 6 |

a) Uma semana tem _____ dias.

b) Comprei meia dúzia de bananas; logo, comprei _____ bananas.

c) A metade de 4 é _____.

d) O dobro de 4 é _____.

treze 13

Unidade 1 — Os números

4 Conte a quantidade de cada instrumento musical e escreva-a nos quadrinhos.

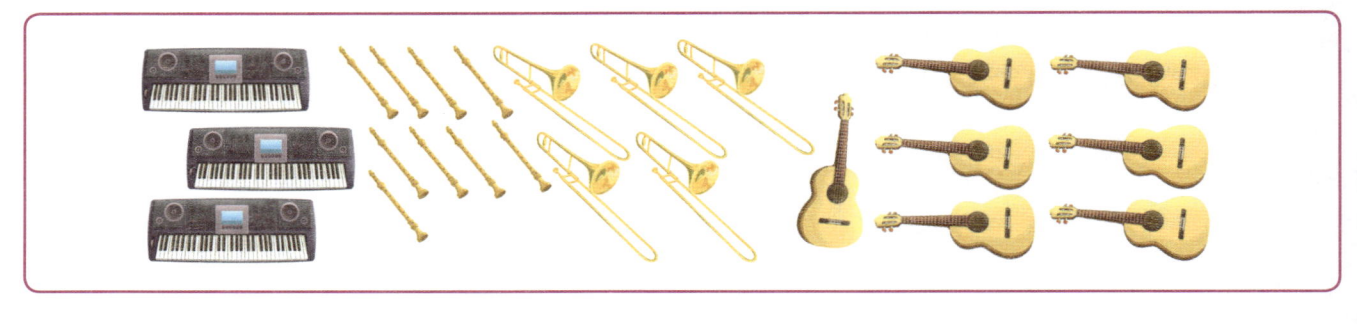

5 Observe as moedas do quadro.

a) Quantos reais há nesse quadro? _____

b) Desenhe mais duas moedas de 1 real no quadro.

Agora, há quantos reais no quadro? _____

Desafio

Fátima comprou 9 novelos de lã para fazer cachecóis.

Para fazer cada cachecol, ela usa 2 novelos.

a) Quantos cachecóis Fátima conseguirá fazer com os 9 novelos de lã? _____

b) Sobrará algum novelo de lã? Se sim, quantos? _____

14 quatorze

Unidade 2 — Adição

Tarefa 6

1 Observe o exemplo e efetue as adições.

Exemplo: 3 + 3 = 6

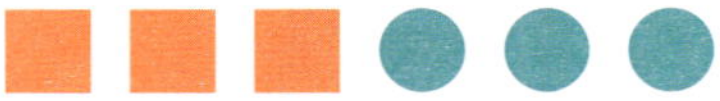

a)  4 + 5 = _____

b) 3 + _____ = _____

c) _____ + 1 = _____

d)  _____ + _____ = _____

2 Calcule o total de pontos de cada dominó.

a)  1 + 3 = _____

c)  2 + 3 = _____

e) 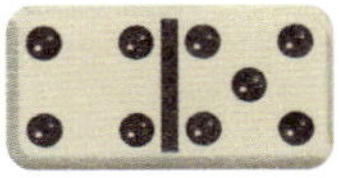 4 + 5 = _____

b) 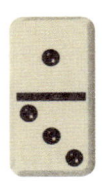 1 + 3

d) 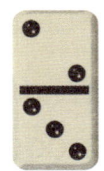 2 + 3

f)  4 + 5

3 Preencha corretamente o ▢ com sinais ou números.

a) 5 + 3 ▢ 3 + 5

b) 5 + 3 = ▢ + 6

c) ▢ + 3 ≠ 3 + 5

d) 7 + 2 ▢ 6 + 1

e) ▢ + 4 = 4 + 5

f) 0 + 0 = 0 + ▢

Unidade 2 — Adição

4 Estas bolinhas são de Bruno.

a) Quantas bolinhas são vermelhas? _____

b) Quantas são azuis? _____

c) Quantas são verdes? _____

d) Quantas bolinhas, ao todo, Bruno possui? _____

5 Lucas lançou 3 dados.

Observe a ilustração e responda quantos pontos ele obteve.

Lucas obteve _____ pontos.

Desafio

Observe os cálculos e complete os espaços em branco no quadro.

+	2	3	4
1	3		5
5		8	
6			10

Unidade 2 — Adição

Tarefa 7

1 Efetue as adições a seguir.

a) 2
  + 5
  ___

b) 4
  + 4
  ___

c) 7
  + 2
  ___

d) 1
  + 5
  ___

e) 5
  + 1
  ___

f) 6
  + 2
  ___

g) 3
  + 6
  ___

h) 8
  + 1
  ___

2 Efetue as adições abaixo.

a) 2 + 1 + 6 = _____

b) 1 + 4 + 3 = _____

c) 2 + 3 + 4 = _____

d) 3 + 1 + 2 = _____

e) 3 + 1 + 1 = _____

f) 1 + 4 + 4 = _____

3 Lucas desenhou alguns triângulos em seu caderno. Acrescente alguns triângulos ao desenho de Lucas e, depois, escreva uma adição que represente a quantidade de triângulos que já estavam desenhados, a quantidade de triângulos que você acrescentou e o total de triângulos desenhados.

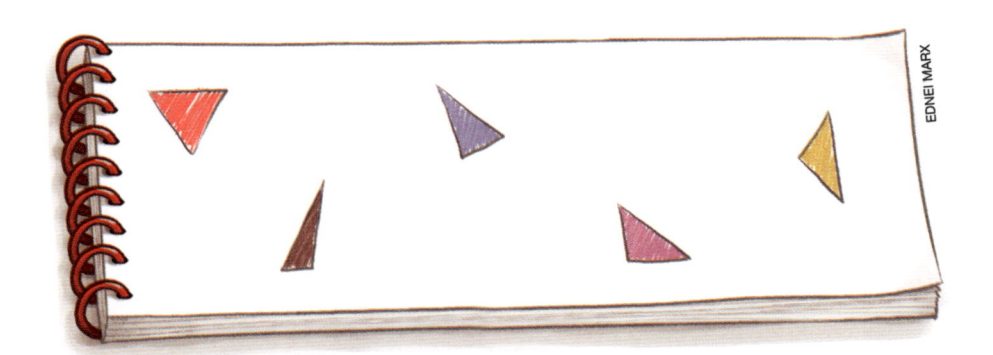

Unidade 2 — Adição

4 Preencha o ☐ com o número que falta em cada uma das adições.

a) 5 + ☐ = 8

b) 3 + 4 = ☐

c) ☐ + 2 = 4

d) ☐ + 6 = 8

e) 4 + 0 = ☐

f) 1 + ☐ = 3

g) ☐ + 3 = 6

h) 1 + 8 = ☐

i) 2 + 5 = ☐

5 Efetue as adições, conforme o exemplo.

Exemplo:
2 + 5 + 1 = 7 + 1 = 8

a) 4 + 1 + 3 = _____

b) 3 + 3 + 1 = _____

c) 6 + 1 + 2 = _____

Desafio

Identifique as peças que se encaixam com números iguais.
Veja o exemplo.

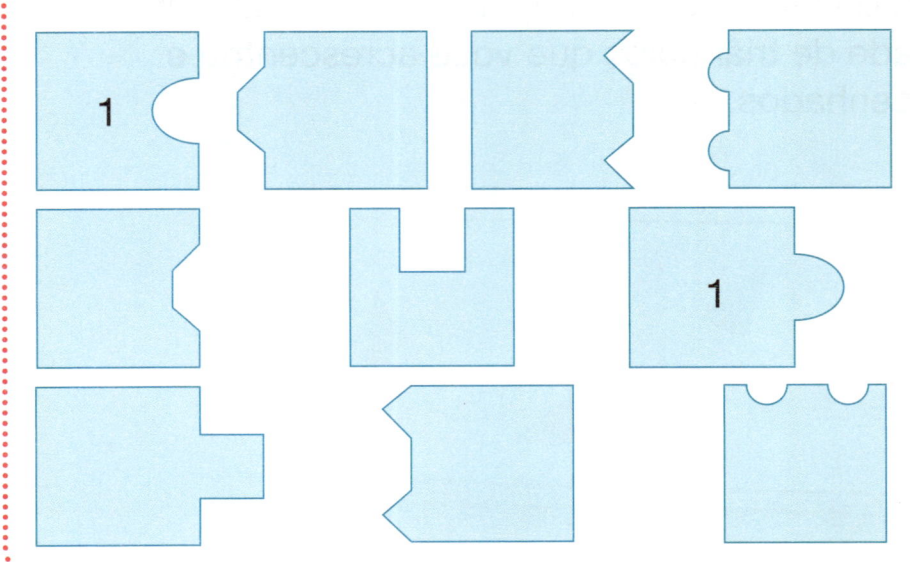

18 dezoito

Unidade 2 — Adição

Tarefa 8

1 Arme e efetue as adições nos espaços corretos.

a) 4 + 2 = _____

_____ ▶ parcela
+ _____ ▶ parcela
_____ ▶ soma ou total

b) 5 + 3 = _____

_____ ▶ parcela
+ _____ ▶ parcela
_____ ▶ soma ou total

c) 8 + 1 = _____

_____ ▶ parcela
+ _____ ▶ parcela
_____ ▶ soma ou total

2 Na classe de Maria, foi realizada uma pesquisa com alunos para saber qual disciplina eles mais gostam de estudar. Observe o resultado apresentado no gráfico abaixo. Nele, cada círculo representa um aluno.

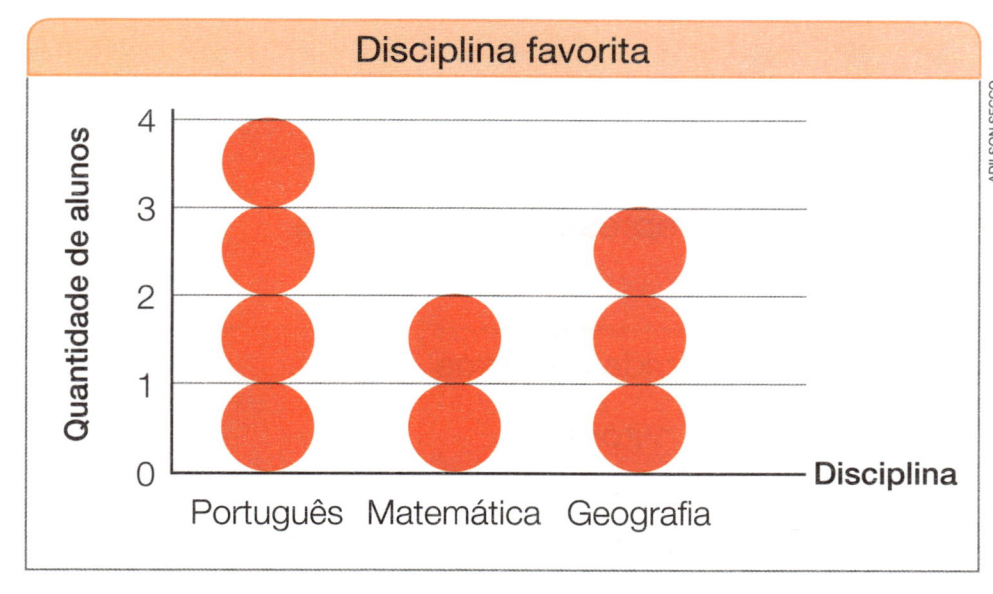

Disciplina favorita

(Quantidade de alunos — Português: 4, Matemática: 2, Geografia: 3)

Dados obtidos pela professora de Maria em junho de 2018.

De acordo com os dados do gráfico, responda às questões.

a) Quantos alunos preferem Matemática? E quantos preferem Geografia?

_____

b) Qual é a disciplina preferida dos alunos entrevistados?

_____

c) Qual é o número total de alunos entrevistados? _____

dezenove **19**

Unidade 2 — Adição

3 Ricardo tem 5 carrinhos, 3 petecas, 4 bolas e 2 aviõezinhos. Calcule e responda às questões.

a) No total, quantos carrinhos e bolas Ricardo tem? _____

b) No total, quantas petecas e aviõezinhos Ricardo tem? _____

c) No total, quantos carrinhos e petecas Ricardo tem? _____

d) No total, quantos aviõezinhos e bolas Ricardo tem? _____

Desafio

No quadro a seguir, cada carrinho representa uma vitória da equipe no campeonato.

| Campeonato de corrida de carros ||
Equipe	Vitórias
Corre muito	🚗 🚗 🚗 🚗 🚗
Muito veloz	🚗 🚗 🚗 🚗

a) Quantas corridas ganhou a equipe Corre muito? _____

b) Quantas corridas ganhou a equipe Muito veloz? _____

c) Quantas corridas ganharam as duas equipes juntas? _____

Unidade 2 — Adição

Tarefa 9

1 Em cima da mesa, havia 6 embalagens de iogurte. Ana bebeu duas delas. Quantas embalagens ficaram em cima da mesa?

Ficaram _____ embalagens de iogurte em cima da mesa.

2 Observe o exemplo e complete corretamente as adições a seguir.

Exemplo:

1 + 1 = 2

a)  _____ + _____ = _____

b) _____ + _____ = _____

c) _____ + _____ = _____

d) _____ + _____ = _____

e) _____ + _____ = _____

f) _____ + _____ = _____

vinte e um 21

Unidade 2 — Adição

3 Determine o total de pontos registrados nos três triângulos, em cada caso.

a) _____ + _____ + _____ = _____

b) _____ + _____ + _____ = _____

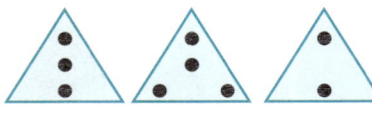

4 Pinte a figura formada por 8 quadradinhos na malha quadriculada.

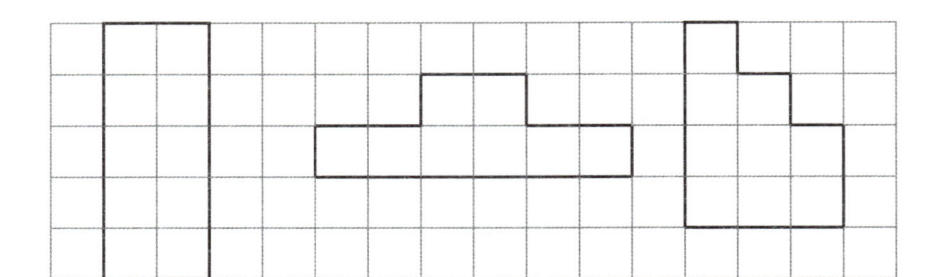

Desafio

Siga as instruções abaixo para traçar o caminho e fazer com que João chegue até a escola.

▶ Duas casas para a direita: 2 →

▶ Cinco casas para a frente: 5 ↑

▶ Quatro casas para a esquerda: 4 ←

▶ Três casas para trás: 3 ↓

▶ Duas casas para a esquerda: 2 ←

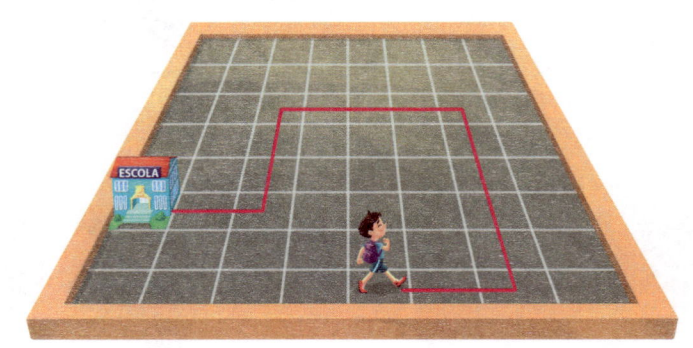

vinte e dois

Unidade 3 — Subtração e operações inversas

Tarefa 10

1 Complete.

a) 7 − 4 = ___

b) 8 − 5 = ___

c) 9 − 3 = ___

d) 4 − 1 = ___

e) 3 − ___ = 1

f) 4 − ___ = 1

g) 5 − ___ = 2

h) 6 − ___ = 3

2 Descubra o valor do ☐ nas operações a seguir.

a) 4 − ☐ = 2

b) 8 − ☐ = 5

c) ☐ − 5 = 0

d) ☐ − 1 = 4

e) ☐ − ☐ = 1

f) ☐ − ☐ = 1

3 Complete corretamente com os sinais + ou −.

a) 3 ___ 1 = 4

b) 7 ___ 2 = 5

c) 4 ___ 3 = 1

d) 2 ___ 4 = 6

e) 6 ___ 3 = 9

f) 8 ___ 2 = 6

4 Mário tinha 9 bolas de tênis. Perdeu 3 delas. Com quantas bolas ele ficou?

Mário ficou com _____ bolas de tênis.

vinte e três 23

Unidade 3 — Subtração e operações inversas

5 Efetue as adições e as subtrações a seguir.

a) 1 + ____ = 5

b) 2 + ____ = 9

c) 6 – 3 = ____

d) 8 – 1 = ____

e) 3 – 0 = ____

f) 6 – 6 = ____

6 Isabela e Ana pegaram algumas maçãs que estavam no chão do pomar da avó de Isabela.

Represente por meio de uma subtração a quantidade de maçãs que uma pegou a mais que a outra.

_____ – _____ = _____

Isabela   Ana

7 Mário guardou as latinhas de suco no compartimento de latas da geladeira.

Represente por meio de uma subtração a quantidade de latas que faltam para encher o compartimento de latas.

_____ – _____ = _____

Desafio

Observe a bandeja de ovos ao lado.

Represente por meio de uma subtração a quantidade de ovos necessária para completar essa bandeja.

_____ – _____ = _____

Unidade 3 — Subtração e operações inversas

Tarefa 11

1 Preencha o ☐ com o valor correto.

a) 3 + ☐ = 7

b) 6 + ☐ = 9

c) 4 + ☐ = 5

d) ☐ − 3 = 4

e) ☐ − 1 = 6

f) ☐ − 4 = 0

g) 8 − ☐ = 3

h) 7 − ☐ = 2

i) 6 − ☐ = 4

2 Para fazer uma casinha, Bruno comprou 5 folhas de cartolina. Utilizou 3. Com quantas folhas de cartolina ele ficou?

Bruno ficou com _____ folhas de cartolina.

3 Em um jogo de basquete, Janete fez 9 cestas, e Alessandra, 7. Quantas cestas Janete fez a mais que Alessandra?

Janete fez _____ cestas a mais que Alessandra.

4 Daniela tinha 7 lápis e perdeu 3. Com quantos lápis ela ficou?

Daniela ficou com _____ lápis.

vinte e cinco 25

Unidade 3 — Subtração e operações inversas

5 Iaci tinha 8 laranjas. Utilizou 3 delas para fazer um suco. Com quantas laranjas Iaci ficou?

Iaci ficou com _____ laranjas.

6 Escreva os números que estão faltando em cada sequência, de acordo com a regra indicada em cada item.

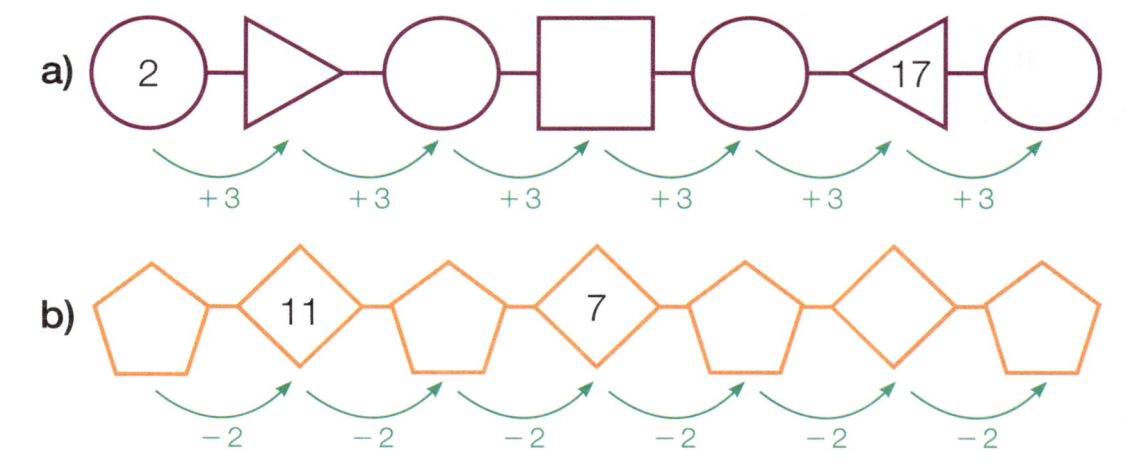

a) 2 → ◯ → ☐ → ◯ → 17 → ◯   (+3 cada)

b) ⬠ 11 ⬠ ⬠ 7 ⬠ ⬠ ⬠ ⬠   (−2 cada)

Desafio

Invente um problema de acordo com a ilustração. Depois, resolva-o.

_____

_____

Resposta:

_____

_____

26 vinte e seis

Unidade 4 — Figuras geométricas

Tarefa 12

1. Forme blocos semelhantes ao apresentado ao lado, ligando as figuras a seguir.

2. Escreva o nome de cada uma destas figuras geométricas.

a)

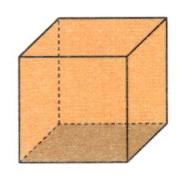

_____

b)

_____

c)

_____

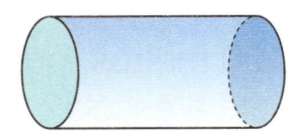

d)

_____

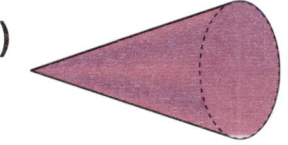

▶ Desses sólidos, quais podem rolar com maior facilidade?

_____

vinte e sete 27

Unidade 4 — Figuras geométricas

3 Desenhe no espaço a seguir as vistas frontal, lateral e superior de um cubo.

| vista frontal | vista lateral | vista superior |

4 Qual é o número de cubinhos que há em cada bloco?

Desafio

Observe o caminho que Joana, Cláudia e Luís percorrem para ir até a escola.

Farmácia   Escola   Casa de Joana

Casa de Cláudia   Casa de Luís   Mercado

a) Sabendo que cada ⊢—⊣ do desenho corresponde a 100 metros, qual é a distância que cada criança percorre da casa dela até a escola?

Joana ▶ _____   Cláudia ▶ _____   Luís ▶ _____

b) Seguindo as linhas da malha quadriculada, calcule a menor distância da farmácia para o mercado. _____

28 vinte e oito

Unidade 4 — Figuras geométricas

Tarefa 13

1. Observe as figuras sobre a mesa e, depois, pinte com a cor indicada a figura geométrica que possui:

   - 🔴 um vértice e uma base;
   - 🟣 duas bases circulares;
   - 🔵 uma base quadrada e cinco vértices;
   - 🟢 seis faces e oito vértices;
   - 🟠 cinco faces laterais e seis vértices.

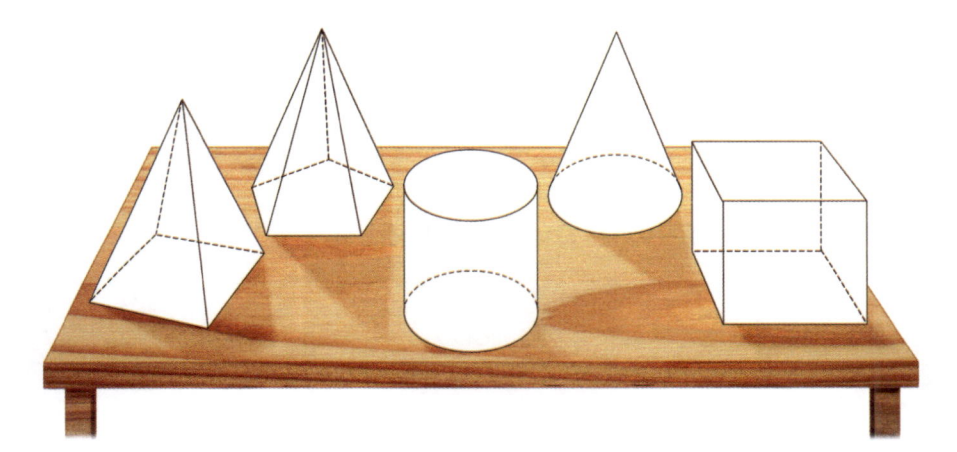

2. Ligue cada objeto ao nome da figura geométrica com a qual ele se parece.

   - esfera
   - cilindro
   - cone

vinte e nove 29

Unidade 4 — Figuras geométricas

3 Observe na sala de aula objetos que lembrem paralelepípedos, cubos, pirâmides, cilindros, cones e esferas. Em seguida, desenhe esses objetos em seu caderno.

4 Observe a pirâmide ao lado e responda.

a) Quantos vértices ela tem? _____

b) Quantas faces ela tem? _____

c) Quantas arestas ela tem? _____

d) Quantas arestas tem a base dessa pirâmide? _____

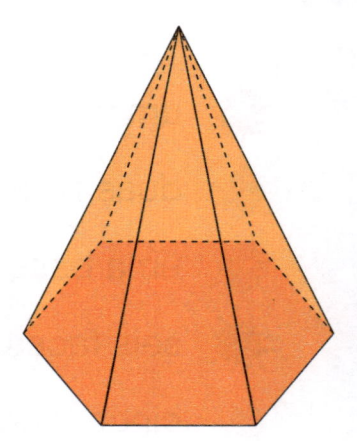

5 Sendo ⬜ igual a uma unidade de medida, determine quantas unidades de medida tem a figura ao lado.

A figura tem _____ unidades de medida.

Desafio

Quantas faces a figura a seguir tem?

A figura tem _____ faces.

Unidade 5 — Mais números

Tarefa 14

1 Desenhe uma dezena de maçãs no espaço abaixo.

2 Observe o exemplo e represente os números no quadro de ordens.

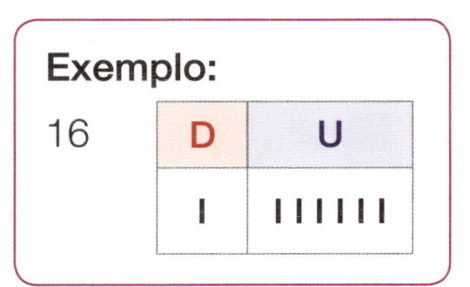

Exemplo:

16 | D | U |
|---|---|
| I | I I I I I I |

a) 15 | D | U |

b) 13 | D | U |

c) 18 | D | U |

3 Complete as adições.

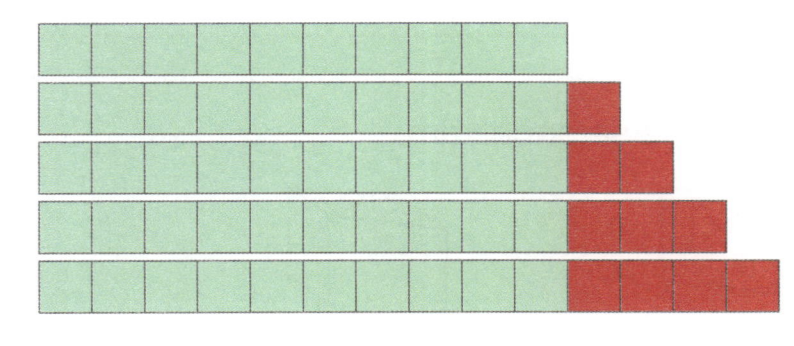

10 + 0 = 10

10 + 1 = 11

10 + 2 = _____

10 + _____ = _____

_____ + _____ = _____

4 Complete corretamente as sequências.

a) 8 < _____ < _____ < _____ < 12 < _____ < _____ < _____ < 16

b) 14 > _____ > _____ > _____ > _____ > 9 > _____ > _____ > 6

trinta e um 31

Unidade 5 — Mais números

5 Preencha o ▢ corretamente.

a) ▢ + 6 = 10

b) 7 + ▢ = 10

c) ▢ − 3 = 7

d) ▢ − 6 = 4

e) 10 − ▢ = 8

f) 10 − ▢ = 3

6 Escreva o número que representa a quantidade de contas em cada colar.

a) _____

b) _____

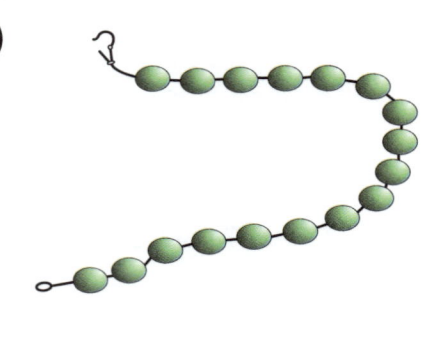

7 Siga o sentido da seta e complete com os números em ordem crescente.

| 11 | | | | 15 | | | |

19

Desafio

Pinte com a mesma cor as peças que se encaixam.

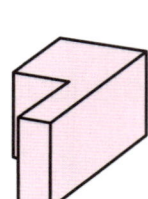

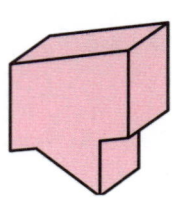

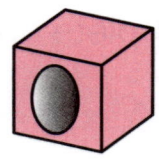

32 trinta e dois

Unidade 5 — Mais números

Tarefa 15

1 Ligue corretamente os termos aos números na forma ordinal.

oitavo		2º
décimo quarto		5º
segundo		8º
décimo nono		14º
quinto		16º
décimo sexto		19º

2 Ligue as representações do mesmo número.

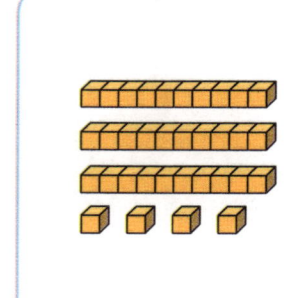

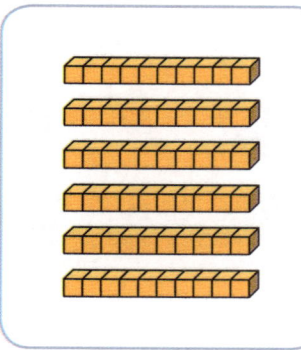

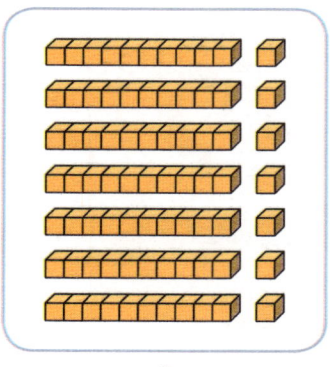

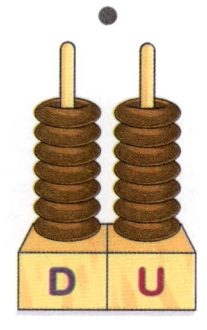

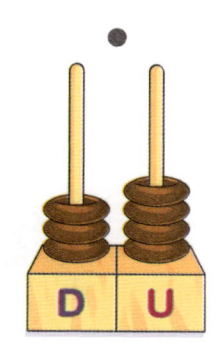

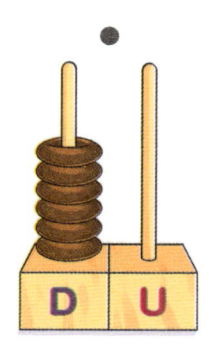

trinta e três 33

Unidade 5 — Mais números

3 Nos quadradinhos a seguir, escreva **P** para os números pares e **I** para os números ímpares.

☐ 5   ☐ 18   ☐ 15   ☐ 10

☐ 8   ☐ 13   ☐ 6   ☐ 11

4 Complete corretamente as sequências de números pares e ímpares a seguir.

a) Os cinco primeiros números pares são:

_____, _____, _____, _____ e _____.

b) Os cinco primeiros números ímpares são:

_____, _____, _____, _____ e _____.

5 Complete a sequência de números ordinais nos quadradinhos da figura.

1º 2º ☐ ☐ ☐ ☐ ☐ ☐ ☐ ☐

Desafio

Complete os espaços com números na forma ordinal.

Em uma fila de ônibus, há cinco pessoas na minha frente.

Eu ocupo o _____ lugar.

Chegaram mais quatro pessoas.

O último ocupará o _____ lugar.

ILUSTRAÇÕES: JOSÉ LUÍS JUHAS

34 trinta e quatro

Unidade 5 — Mais números

Tarefa 16

1 Pinte 2 objetos que Ana está vestindo e que são usados aos pares.

2 Siga a indicação das setas, efetue as adições e encontre uma sequência de números ímpares.

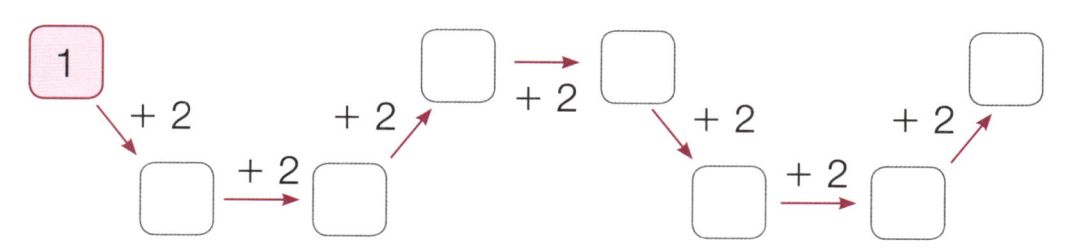

1 +2 → ☐ +2 → ☐ +2 → ☐ +2 → ☐ +2 → ☐ +2 → ☐ +2 → ☐ +2 → ☐

3 Complete as sequências numéricas abaixo.

a) 10, 12, ☐

b) 7, 9, ☐

c) 16, ☐, 20

d) 21, ☐, 17

e) 30, 28, ☐

f) 19, 17, ☐

trinta e cinco 35

Unidade 5 — **Mais números**

4 Observe as cenas e coloque os quadros da historinha na ordem correta, usando números na forma ordinal.

5 Mário e Bruno estão brincando de par ou ímpar. Nesse jogo, quem ganha em cada caso?

Par!

Ímpar!

Mário   Bruno

	Mário	Bruno	Vencedor
a)			
b)			
c)			

Desafio

Observe-se no espelho e escreva o nome de quatro partes de seu corpo que existem aos pares.

_____

_____

36 trinta e seis

Unidade 5 — Mais números

Tarefa 17

1 Observe as figuras em cada caso e faça como no exemplo.

> **Exemplo:**
>
> 2 dezenas e 6 unidades

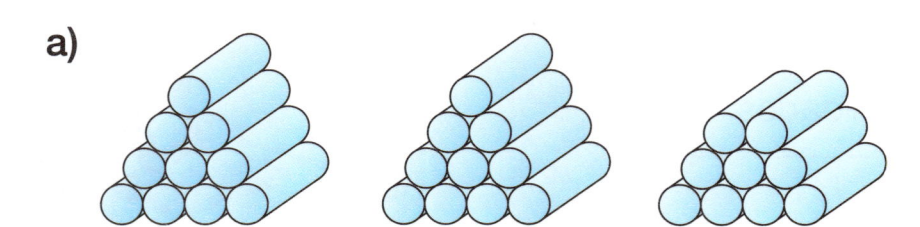

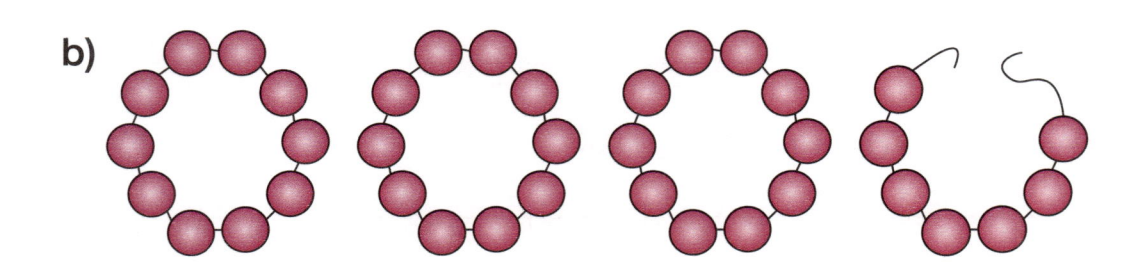

a)

b)

2 Complete o quadro com os números que estão faltando.

50	51							59
			63			67		
70		72			75			
							88	
	91			94				

trinta e sete 37

Unidade 5 — Mais números

3 Preencha o ☐ com o número formado pelas quantidades indicadas, conforme o exemplo.

Exemplo:

3 dezenas e 6 unidades — 36

a) 5 dezenas e 6 unidades ☐

b) 6 dezenas e 9 unidades ☐

c) 8 dezenas e 4 unidades ☐

4 Escreva os números por extenso, usando dezenas e unidades.

Exemplo:

35 ▶ 3 dezenas e 5 unidades

a) 46 ▶ _____

b) 58 ▶ _____

c) 62 ▶ _____

5 Continue a numeração da reta abaixo.

374 375 ____ ____ ____ ____ ____ 381 ____ ____

Desafio

Observe a placa do elevador na cena ao lado.

O que ela significa?

_____

_____

_____

38 trinta e oito

Unidade 5 — Mais números

Tarefa 18

1 Ligue as representações do mesmo número.

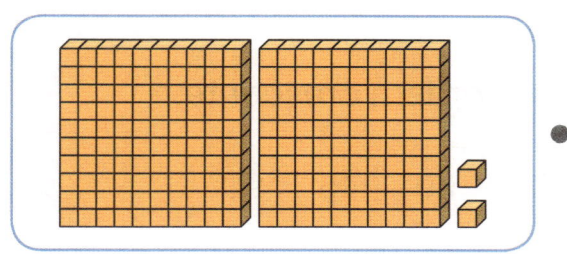

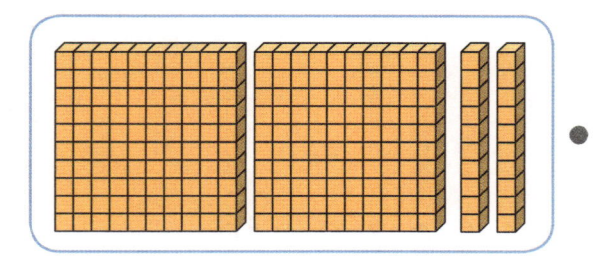

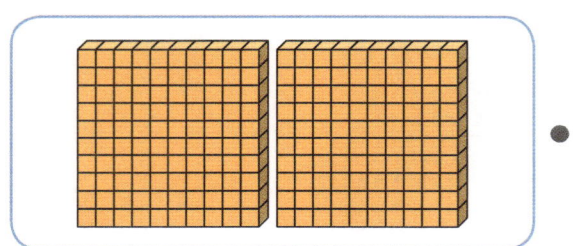

C	D	U
2	0	0

C	D	U
2	0	2

C	D	U
2	2	0

2 Escreva o número representado em cada ábaco. Veja o exemplo.

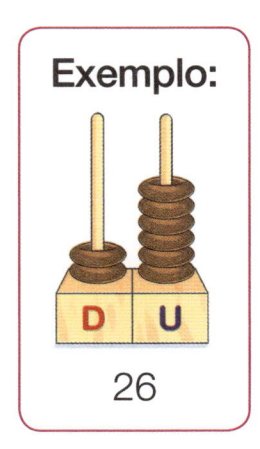

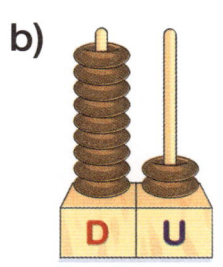

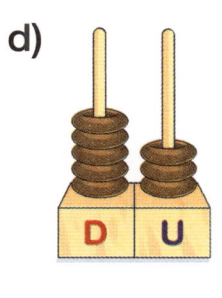

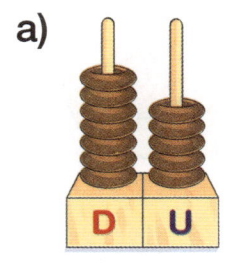

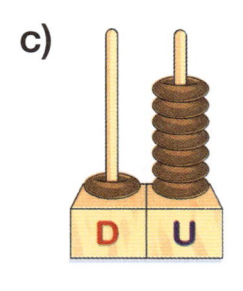

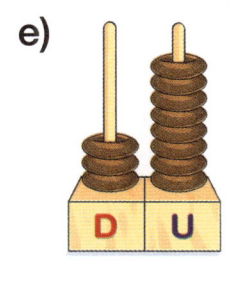

Exemplo: 26

a)

b)

c)

d)

e)

trinta e nove 39

Unidade 5 — Mais números

3 Responda às perguntas a seguir.

   a) Quantas dezenas tem o número 63? _____

   b) Quantas unidades tem o número 37? _____

4 Escreva os números do quadro abaixo em ordem crescente.

| 88 | 34 | 59 | 42 | 38 | 76 | 69 | 45 | 90 |

_____ < _____ < _____ < _____ < _____ < _____ < _____ < _____ < _____

5 Pinte sete dezenas de quadradinhos.

Desafio

Observe a ilustração a seguir e escreva os números correspondentes.

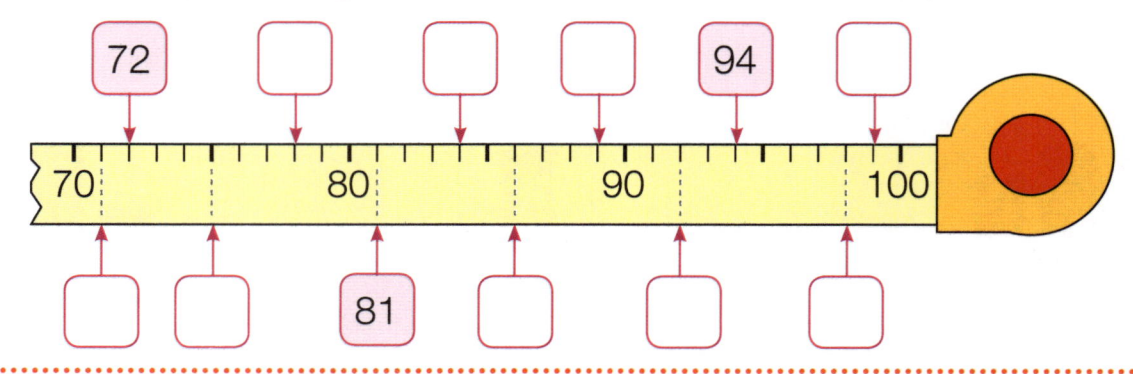

72   ☐   ☐   ☐   94   ☐

70   80   90   100

☐   ☐   81   ☐   ☐   ☐

Unidade 5 Mais números

Tarefa 19

1 Complete o quadro com os números que faltam.

Depois, pinte de 🟢 os quadrinhos com números pares e de 🟡 os quadrinhos com números ímpares.

1	2	3						9	10
11	12							19	20
21		23							
			34						
41				45					50
					56				
						67			
							78		
								89	
	92			95			98		

2 Em cada caso, desenhe argolas nos ábacos para representar o número indicado.

a) 63

b) 301

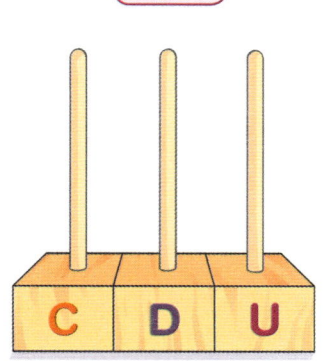

c) 510

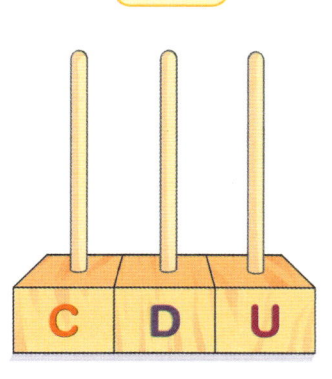

quarenta e um 41

Unidade 5 — Mais números

3 Complete com os sinais >, < ou =.

a) 15 ____ 51

b) 62 ____ 59

c) 90 ____ 80

d) 66 ____ 76

e) 78 ____ 87

f) 70 ____ 60 + 10

g) 72 ____ 60 + 2

h) 40 ____ 10 + 10 + 10 + 10

i) 15 ____ 40 + 10

j) 77 ____ 50 + 27

4 Pinte 72 quadradinhos de 🔴 e 28 quadradinhos de 🔵.

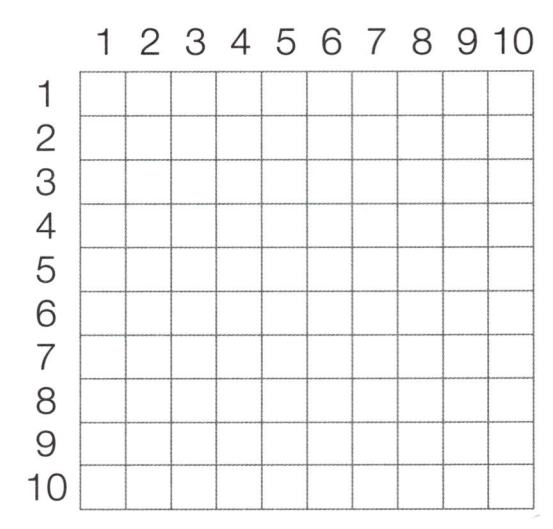

Desafio

Na figura da direita, pinte de 🟡 os quadradinhos que correspondem aos quadradinhos brancos da figura da esquerda.

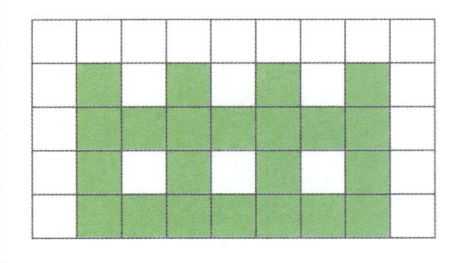

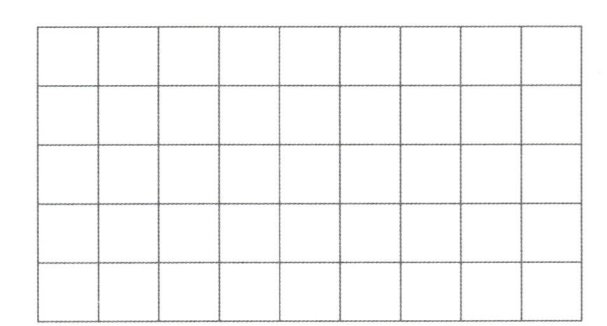

Quantos quadradinhos você pintou? _____

quarenta e dois

Unidade 5 — Mais números

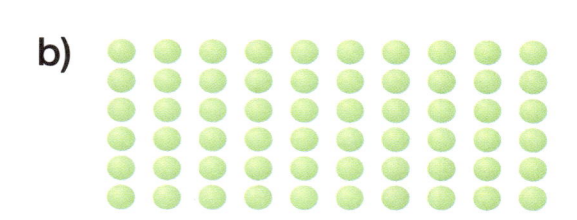

Tarefa 20

1 Observe os grupos de figuras e responda.

a) Há quantos grupos de 10? _____

Há quantas dezenas? _____

Há quantas unidades? _____

b) Há quantos grupos de 10? _____

Há quantas dezenas? _____

Há quantas unidades? _____

2 Escreva todos os números possíveis de três algarismos diferentes que podem ser formados usando os algarismos 2, 5 e 8.

_____

3 Forme pares de figuras iguais com as 9 cartas a seguir.

a) Quantos pares você obteve? _____

b) Alguma carta ficou sem par? _____

c) Qual carta ficou sem par? _____

quarenta e três 43

Unidade 5 — Mais números

4 Ao lado de cada número, escreva se ele é par ou ímpar.

a) 0 ▶ _____   e) 9 ▶ _____

b) 10 ▶ _____   f) 13 ▶ _____

c) 7 ▶ _____   g) 14 ▶ _____

d) 12 ▶ _____   h) 19 ▶ _____

5 Complete com os símbolos >, < ou =.

a) 14 ☐ 41

b) 18 ☐ 10 + 8

c) 89 ☐ 95

d) 7 + 9 + 1 ☐ 9 + 1 + 6

e) 6 + 4 + 8 ☐ 8 + 4 + 6

f) 10 + 10 + 6 ☐ 10 + 10 + 10

6 Escreva o nome de dois objetos que são usados aos pares.

_____

7 Escreva os números ímpares maiores que 7 e menores que 19.

_____

Desafio

Observe a reta numerada e responda às perguntas.

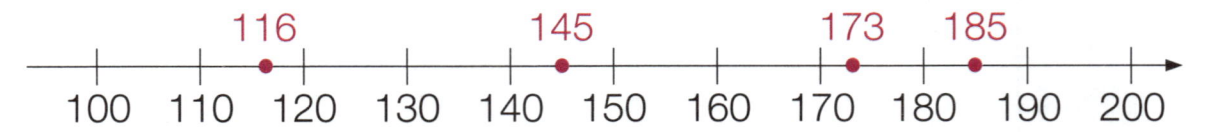

```
        116              145            173   185
  |--+--•--+--+--+--•--+--+--+--•--+--•--+--▶
 100 110 120 130 140 150 160 170 180 190 200
```

a) Qual é a dezena exata mais próxima de 116? _____

b) Qual é a centena exata mais próxima de 145? _____

c) Qual é a dezena exata mais próxima de 173? _____

d) Qual é a centena exata mais próxima de 185? _____

Unidade 5 — Mais números

Tarefa 21

1 Faça conforme o exemplo.

> 147 — 1 centena, 4 dezenas e 7 unidades
> 100 + 40 + 7

a) 256 _____

b) 109 _____

c) 589 _____

2 Ligue os termos à esquerda aos números correspondentes.

cento e oitenta e seis • • 116

cento e dezesseis • • 186

cento e sessenta e nove • • 169

3 Observe o exemplo e complete o quadro de ordens.

1 centena, 3 dezenas e 6 unidades

a) 5 centenas e 7 unidades
b) 3 centenas e 8 dezenas
c) 4 centenas, 8 dezenas e 9 unidades

C	D	U
1	3	6

Unidade 5 — Mais números

4 Descubra o segredo de cada sequência abaixo e conte-os aos colegas.

a) | 1 000 | 990 | 980 | 970 | 960 | 950 | 940 | 930 | 920 |

b) | 199 | 299 | 399 | 499 | 599 | 699 | 799 | 899 | 999 |

5 Escreva dois números ímpares de três algarismos menores que 200 e maiores que 180. _____

6 Preencha os espaços com os valores correspondentes.

a) 1 centena = _____ unidades

b) 10 dezenas = _____ centena

c) 10 dezenas = _____ unidades

d) 10 centenas = _____ unidades

Desafio

Veja na figura ao lado algumas das pessoas que moram em um edifício de 8 andares.

a) Quem mora no sétimo andar? _____

b) Em que andar mora Camila? _____

c) Quem mora no primeiro andar? _____

d) Quem mora no oitavo andar? _____

e) Em que andar mora Marcos? _____

Mariana — Cláudio — Camila — Vítor — Marcos — Beatriz

JOSÉ LUIS JUHAS

Unidade 6 — Figuras geométricas planas

Tarefa 22

1 Identifique os quadrados na imagem abaixo e marque-os com um **X**.

2 As figuras a seguir são formadas pela composição de triângulos. Escreva o nome de cada figura formada.

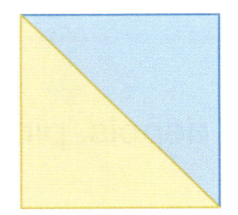

_____   _____   _____

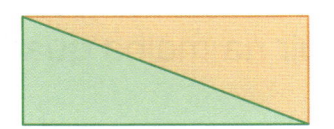

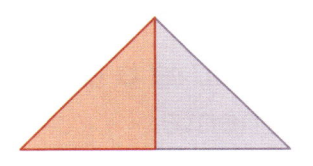

3 Estes objetos lembram quais figuras geométricas?

a)

b)

c)

_____   _____   _____

quarenta e sete

Unidade 6 — Figuras geométricas planas

4 Observe as figuras e, depois, responda quantos quadradinhos:

a) tem cada lado do quadrado? _____

b) formam a primeira figura? _____

c) tem o lado menor do retângulo? _____

d) tem o lado maior do retângulo? _____

e) formam a segunda figura? _____

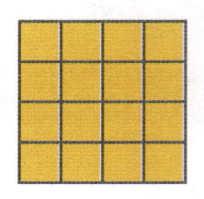

5 Pinte corretamente as peças do quebra-cabeça a seguir.

Desafio

Reproduza o desenho a seguir na malha quadriculada e, depois, pinte-o livremente.

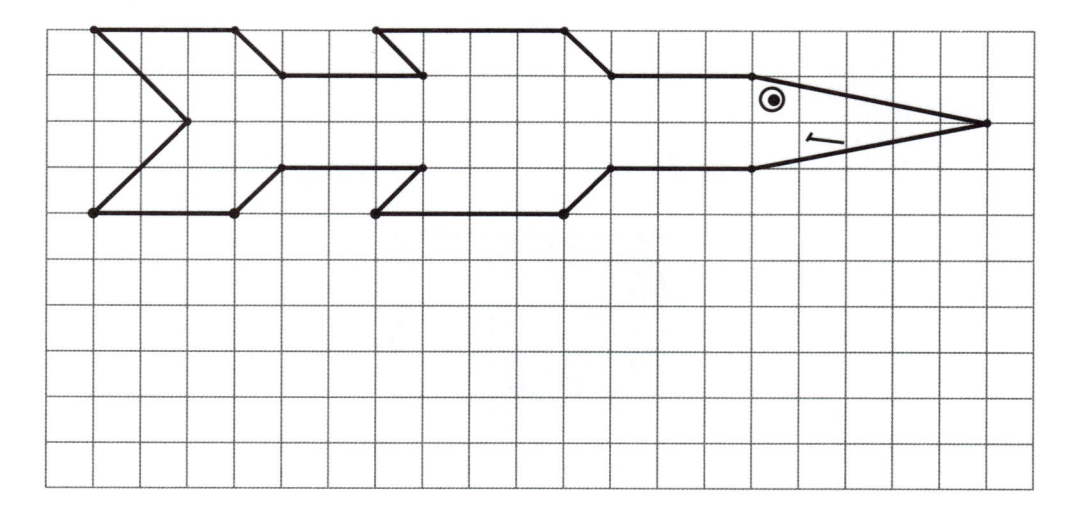

48 quarenta e oito

Unidade 6 — Figuras geométricas planas

Tarefa 23

1 Observe os mosaicos abaixo e represente ao lado o padrão de cada um.

a)

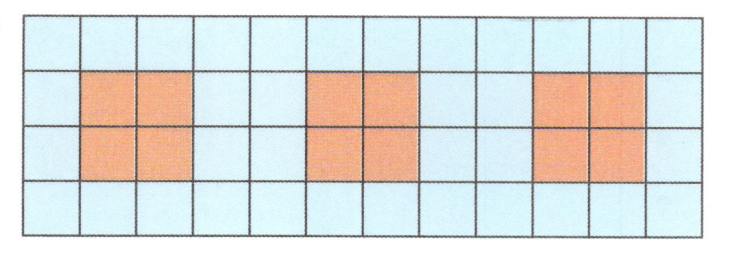

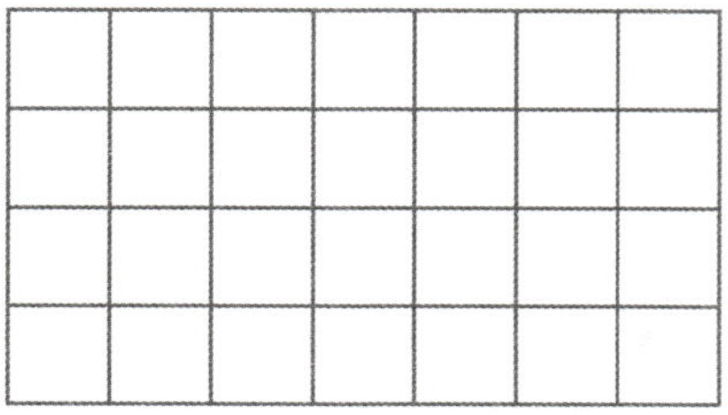

b)

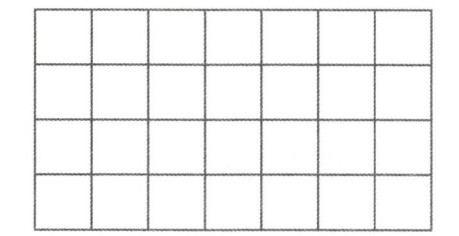

2 Continue o traçado na malha pontilhada.

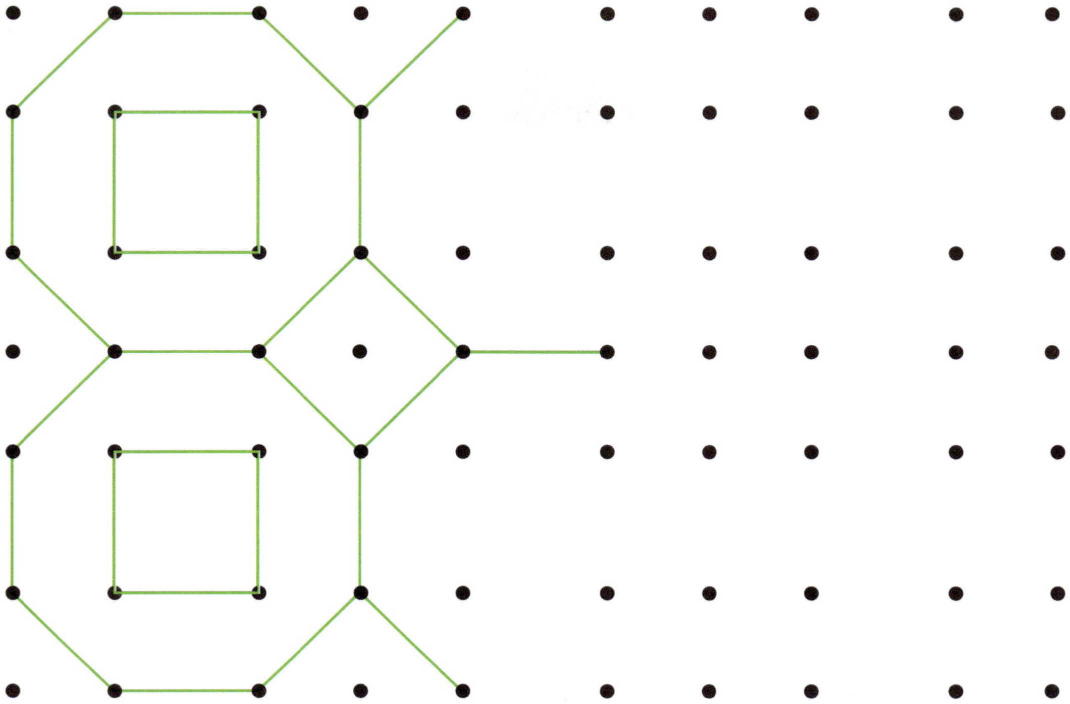

quarenta e nove 49

Unidade 6 — Figuras geométricas planas

3 Identifique as três figuras geométricas planas que aparecem no geoplano.

_____ , _____ e _____ .

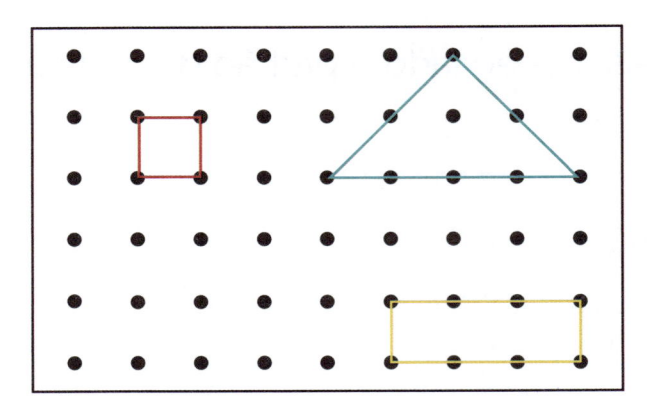

4 Complete a figura da malha quadriculada a seguir.

Desafio

Pinte a peça que falta para completar o quebra-cabeça.

Unidade 7 — Medidas de comprimento, massa e capacidade

Tarefa 24

1 Com a ajuda do professor, verifique e responda se cada medida citada a seguir tem mais ou menos que 1 metro.

a) O comprimento da janela de sua sala. _____

b) Sua altura. _____

c) A altura da porta de sua sala. _____

d) A altura de sua carteira. _____

e) A largura da lousa. _____

2 Flávio construiu 15 metros de um muro na segunda-feira e 14 metros na terça-feira. Quantos metros de muro ele construiu nesses dois dias?

Flávio construiu _____ de muro nesses dois dias.

3 Roberto conseguiu atingir a distância de 23 metros no arremesso de peso. Pedro atingiu 12 metros. Qual é a diferença, em metros, entre as distâncias atingidas nos arremessos de Roberto e de Pedro?

A diferença entre os arremessos é de _____.

cinquenta e um 51

Unidade 7 — Medidas de comprimento, massa e capacidade

4 Vitória nada diariamente 40 metros. Hoje ela nadou o dobro dessa distância. Quantos metros Vitória nadou hoje?

Vitória nadou hoje _____.

5 Tenho 18 metros de tecido de cor verde. Quantas bandeiras de 6 metros posso fazer com essa quantidade de tecido?

Posso fazer _____ bandeiras de 6 metros.

Desafio

Observe a ilustração de um prédio sendo construído. Depois, responda.

a) Qual é a altura do prédio?

_____

b) A que altura do chão Luís se encontra?

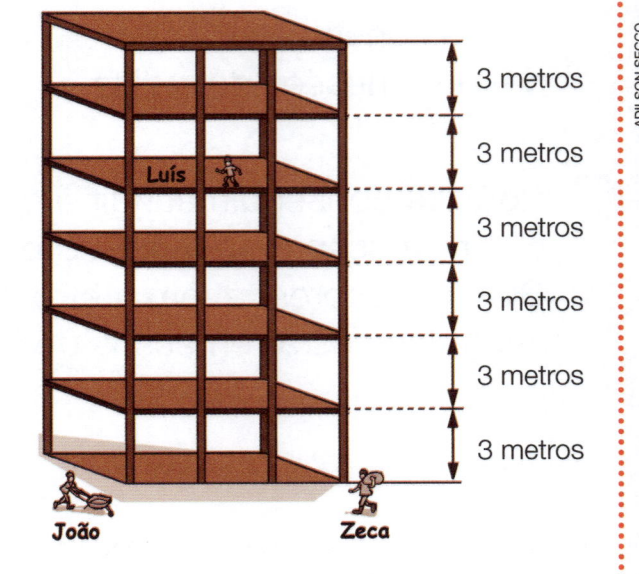

_____

3 metros
3 metros
3 metros
3 metros
3 metros
3 metros

João   Luís   Zeca

52 cinquenta e dois

Unidade 7 — Medidas de comprimento, massa e capacidade

Tarefa 25

1 Mônica tem 36 quilogramas de massa, e Alcione, 24 quilogramas. Quantos quilogramas Mônica tem a mais que Alcione?

Mônica tem _____ a mais que Alcione.

2 Letícia foi ao supermercado para comprar 10 quilogramas de arroz, 5 quilogramas de feijão e 3 quilogramas de açúcar. Quantos quilogramas ela comprou ao todo?

Letícia comprou _____ ao todo.

3 Estime a medida de massa dos elementos a seguir e ligue cada elemento à sua provável medida.

Um pacote de açúcar	•	•	50 quilogramas
Uma barra de chocolate	•	•	1 quilograma
Um saco grande de cimento	•	•	180 gramas

cinquenta e três

Unidade 7 — Medidas de comprimento, massa e capacidade

4 Observe as figuras e complete as frases.

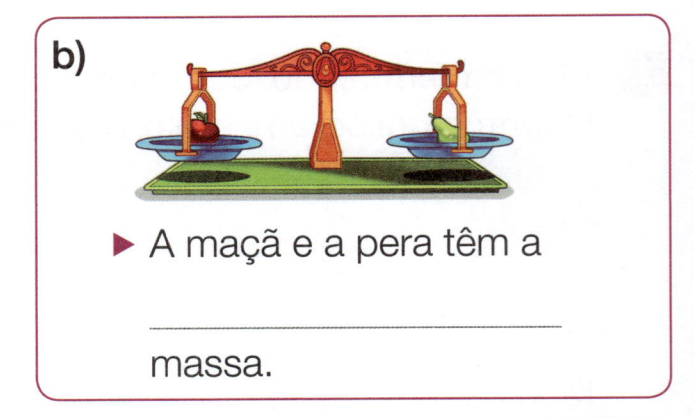

a) ▶ O melão é mais _____ que a pera.

b) ▶ A maçã e a pera têm a _____ massa.

c) ▶ A maçã é mais _____ que o melão.

5 Observe o valor da massa das crianças e responda às perguntas a seguir.

▶ Beatriz: 25 quilogramas
▶ Ana: 32 quilogramas
▶ Paulo: 35 quilogramas
▶ Lucas: 19 quilogramas

a) Qual é a criança mais pesada? _____

b) Qual é a criança mais leve? _____

Desafio

Observe a ilustração e complete as frases com o nome do produto adequado.

O produto mais leve é o _____.

O produto mais pesado é o _____.

54 cinquenta e quatro

Unidade 7 — Medidas de comprimento, massa e capacidade

Tarefa 26

1 Sérgio comprou 6 litros de suco de abacaxi, 10 litros de suco de uva e 2 litros de suco de limão. Quantos litros de suco ele comprou ao todo?

Sérgio comprou _____ de suco ao todo.

2 Na casa de Bruno, havia um garrafão com 20 litros de água. A família de Bruno utilizou 10 litros da água contida no garrafão. Quantos litros de água sobraram?

Sobraram _____ litros de água.

3 Uma vaca produz 6 litros de leite por dia. Quantos litros ela produzirá em 3 dias?

A vaca produzirá _____ litros de leite em 3 dias.

cinquenta e cinco 55

Unidade 7 — Medidas de comprimento, massa e capacidade

4 Com a ajuda dos pais, faça uma pesquisa para descobrir qual é o preço, em reais, de cada um dos produtos abaixo.

1 litro de água   1 litro de leite   1 litro de suco

Produto	Preço
Água	
Leite	
Suco	

Desafio

Um reservatório tem 65 litros de água. André usou vários baldes para retirar 42 litros de água do reservatório. Quantos litros de água sobraram?

Sobraram no reservatório _____ litros de água.

Unidade 7 — Medidas de comprimento, massa e capacidade

Tarefa 27

1 Marque com um **X** o que podemos medir em metros.

☐ A quantidade de leite de um saquinho.

☐ O comprimento de uma piscina.

☐ A massa de uma pessoa.

☐ O comprimento de uma rua.

☐ A duração de uma partida de futebol.

2 Marque com um **X** o que podemos medir em litros.

☐ A massa de um elefante.

☐ Determinada quantidade de peixe.

☐ O comprimento de uma caixa-d'água.

☐ A quantidade de água contida em uma piscina.

3 Marcelo tem 39 quilogramas de massa, e Andrea, 29 quilogramas. Quantos quilogramas Andrea tem a menos que Marcelo?

Andrea tem _____ quilogramas a menos que Marcelo.

cinquenta e sete 57

Unidade 7 — Medidas de comprimento, massa e capacidade

4. Carlos vendeu 4 litros de suco de manga em um dia. Clécio vendeu o triplo. Quantos litros de suco eles venderam juntos?

Eles venderam juntos _____ de suco de manga.

5. Faça uma estimativa e ligue cada um dos seres vivos à sua massa.

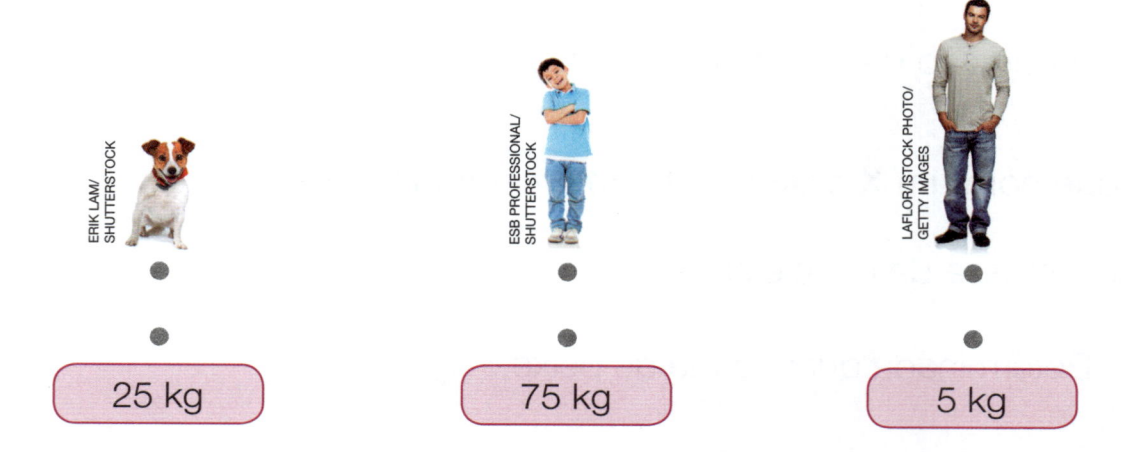

25 kg   75 kg   5 kg

Desafio

Observe os galões abaixo.

① 15 litros   ②   ③ 30 litros

O galão 2 tem mais água do que o galão 1 e menos do que o galão 3. Quantos litros de água pode conter o galão 2?

_____

Unidade 7 — Medidas de comprimento, massa e capacidade

Tarefa 28

1 Mário mediu o comprimento do gol usando os pés.

O comprimento do gol é igual a _____ pés de Mário.

2 Isabela mediu o comprimento do quadro abaixo de modo diferente: usando uma caneta como unidade de medida.

O quadro tem _____ canetas de comprimento.

3 Faça uma lista com os nomes de alguns objetos ou de animais cuja medida do comprimento é menor do que 1 centímetro.

_____

4 Lúcia gastou 6 metros de cano plástico para fazer uma pequena trave de futebol. Quantos metros ela gastará para fazer 2 traves iguais a essa?

Lúcia gastará _____ metros de cano plástico.

cinquenta e nove 59

Unidade 7 — Medidas de comprimento, massa e capacidade

5 Observe a ilustração abaixo e considere um copo como unidade de medida.

Podemos dizer que a capacidade dessa garrafa é igual a _____ copos.

6 Estime o comprimento dos elementos a seguir e ligue cada elemento à sua provável medida.

O comprimento de um grão de feijão.	•	•	6 milímetros
A altura da porta da sala de aula.	•	•	17 centímetros
O comprimento de um lápis	•	•	2 metros

Desafio

Paulo comprou um saco com 20 quilogramas de feijão. Ele conseguiu encher 5 vezes o número de pacotes mostrados na ilustração ao lado. Quantos pacotes Paulo obteve?

Paulo obteve _____ pacotes.

Unidade 8 — Mais adições e subtrações

Tarefa 29

1 Efetue as adições e as subtrações.

a) 36
  + 21
  ____

b) 78
  − 45
  ____

c) 44
  + 35
  ____

d) 86
  − 65
  ____

e) 60
  + 24
  ____

f) 96
  − 72
  ____

g) 65
  + 24
  ____

h) 89
  − 54
  ____

2 Arme e efetue as operações a seguir.

a) 72 + 24 = _____

b) 64 − 52 = _____

c) 20 + 15 + 53 = _____

3 Tasso foi o fotógrafo da festa de Luan. Ele tirou 22 fotos antes de cantar parabéns, 12 durante e 25 após os parabéns. Qual foi o total de fotos que ele tirou?

Tasso tirou _____ fotos no total.

Unidade 8 — Mais adições e subtrações

4 Na classe de Roberta, estudam 43 alunos. Faltaram 11 alunos na sexta-feira. Quantos alunos foram à aula nesse dia?

Nesse dia, foram _____ alunos à aula.

5 Em uma loja, há 3 dezenas e 4 unidades de camisas e 2 dezenas e 3 unidades de bermudas. Quantas peças de roupa há ao todo?

Há _____ peças de roupa ao todo.

6 Paula tinha 69 canetas. Deu 3 dezenas para sua irmã. Com quantas canetas ficou?

Paula ficou com _____ canetas.

Desafio

Complete as sequências.

a) 11, 13, 15, _____, _____, _____, _____, 25

b) 5, 10, 15, _____, _____, _____, _____, 40

c) 10, 20, 30, _____, _____, _____, _____, 80

d) 100, 200, 300, _____, _____, _____, _____, 800

e) 57, 55, 53, _____, _____, _____, _____, 43

f) 628, 626, 624, _____, _____, _____, _____, 614

Unidade 8 — Mais adições e subtrações

Tarefa 30

1 Ontem, Jorge colocou 34 moedas no cofrinho. Hoje, ele colocou mais 52. Nesses dois dias, quantas moedas Jorge colocou no cofrinho?

Jorge colocou _____ moedas no cofrinho.

2 Em um lago, há 3 dezenas e 7 unidades de patinhos brancos, 2 dezenas e 2 unidades de patinhos amarelos e uma dezena de patinhos pretos. Quantos patinhos há ao todo?

Há, ao todo, _____ patinhos.

3 Observe as retas numéricas e complete as adições correspondentes.

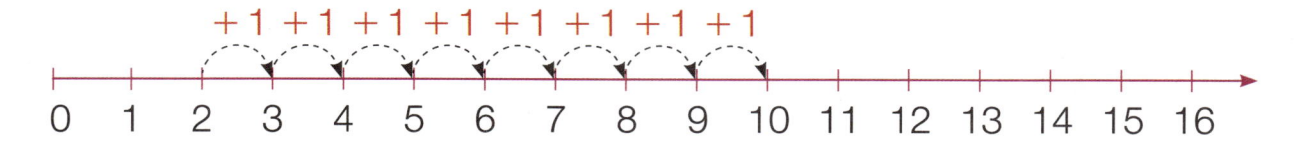

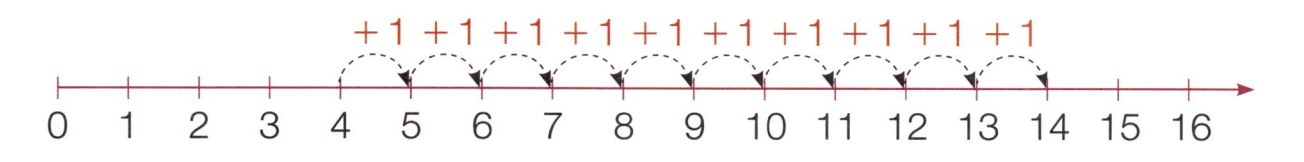

+1 +1 +1 +1 +1 +1 +1 +1

0 1 2 3 4 5 6 7 8 9 10 11 12 13 14 15 16

____ + ____ = ____

+1 +1 +1 +1 +1 +1 +1 +1 +1 +1

0 1 2 3 4 5 6 7 8 9 10 11 12 13 14 15 16

____ + ____ = ____

sessenta e três 63

Unidade 8 — Mais adições e subtrações

4 Alexandre pintou 2 dezenas de quadros em janeiro e 15 quadros em fevereiro. Quantos quadros Alexandre pintou nesses dois meses?

Alexandre pintou _____ quadros nesses dois meses.

5 Um aquário tem 74 peixinhos prateados e 2 dezenas de peixinhos dourados. Quantos peixinhos há ao todo no aquário?

Há, ao todo, _____ peixinhos no aquário.

6 Bianca tinha 48 balas. Distribuiu 3 dezenas delas entre seus amigos. Com quantas balas Bianca ficou?

Bianca ficou com _____ balas.

Desafio

Observe as peças, identifique as duas que se encaixam, formando um retângulo, e pinte-as com a mesma cor.

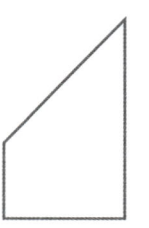

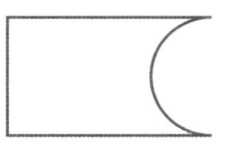

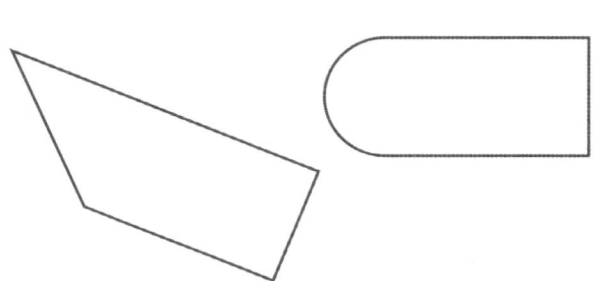

sessenta e quatro

Unidade 8 — Mais adições e subtrações

Tarefa 31

1. Em uma banca de frutas, há 58 goiabas maduras e 33 goiabas verdes. Quantas goiabas, no total, há na banca de frutas?

   Há _____ goiabas, no total, na banca de frutas.

2. Maria Eduarda ganhou 30 figurinhas do pai e 40 da mãe. Quantas figurinhas ela ganhou ao todo?

   Maria Eduarda ganhou, ao todo, _____ figurinhas.

3. Uma escola tem 10 bolas de vôlei, 14 bolas de futebol e 23 bolas de basquete. Quantas bolas há nessa escola?

   Há na escola _____ bolas.

4. Moisés tem 5 dezenas e 6 unidades de bolinhas de gude. Deu 3 dezenas e 2 unidades ao irmão. Com quantas bolinhas de gude Moisés ficou?

   Moisés ficou com _____ bolinhas de gude.

sessenta e cinco 65

Unidade 8 — Mais adições e subtrações

5 Roberto tinha 56 livros em sua biblioteca. Ganhou mais uma dezena. Com quantos livros ele ficou?

Roberto ficou com _____ livros.

6 Iaci e Isabela fizeram 35 brigadeiros e 48 beijinhos. Quantos docinhos elas fizeram ao todo?

Ao todo, elas fizeram _____ docinhos.

7 Das 64 laranjas que Ângela comprou, 35 não estavam maduras. Quantas laranjas estavam maduras?

Estavam maduras _____ laranjas.

Desafio

Complete os dois últimos números da sequência.

| 1 | 4 | 7 | 10 | 13 | 16 | 19 | 22 | | |

Unidade 8 — Mais adições e subtrações

Tarefa 32

1 Uma van escolar com 4 crianças está parada. Observe a ilustração e responda às questões.

a) Quantas crianças ainda embarcarão? _____

b) Quantas crianças estarão na van depois de todos subirem? _____

c) Como podemos representar essa situação por meio de uma adição? _____

2 Complete os espaços.

4 dezenas + 5 dezenas = _____ dezenas

40 unidades + 50 unidades = _____ unidades

_____ dezenas = _____ unidades

3 Uma tapeçaria reformou 16 sofás e 82 poltronas em um mês. Quantos móveis, ao todo, essa tapeçaria reformou nesse período?

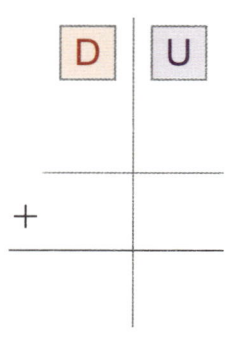

D	U
+	

A tapeçaria reformou, ao todo, _____ móveis em um mês.

sessenta e sete 67

Unidade 8 — Mais adições e subtrações

4 Calcule as adições.

a)
D	U
3	7
+ 5	4

b)
D	U
5	6
+ 1	6

c)
D	U
7	8
+ 1	7

Desafio

Observe estes produtos e seus preços.

- 15 reais
- 100 reais
- 7 reais (canetinhas)
- 15 reais
- 8 reais
- 12 reais (giz de cera)
- 25 reais

Escolha 4 produtos para comprar. Registre-os a seguir e calcule quanto você terá de pagar no total.

Produto	Preço
Total a pagar:	

68 sessenta e oito

Unidade 8 — Mais adições e subtrações

Tarefa 33

1 Em uma sala de aula, em maio de 2018 foi feita uma pesquisa para saber qual é a brincadeira de que a turma mais gosta: pega-pega ou esconde-esconde. Veja a tabela.

Brincadeira de que a turma mais gosta	
Brincadeira	Número de votos
Pega-pega	27
Esconde-esconde	12

Dados obtidos pelos alunos em maio de 2018.

Quantos alunos participaram dessa pesquisa?
_____

2 Encontre o resultado de cada uma das adições.

a) 4 dezenas e 3 unidades mais 3 dezenas e 6 unidades

```
   4 3
 + 3 6
 ─────
```

b) 7 dezenas e 4 unidades mais 1 dezena e 3 unidades

c) 6 dezenas e 8 unidades mais 3 dezenas

sessenta e nove **69**

Unidade 8 — Mais adições e subtrações

3 Calcule as adições a seguir.

a)
```
  3 2        4 3
+ 4 3      + 3 2
-----      -----
```

b)
```
  2 5        3 4
+ 3 4      + 2 5
-----      -----
```

4 Luiza vai comprar 28 cajus e 16 bananas.

Quantas frutas Luiza vai comprar ao todo? _____

5 Ligue a sequência de teclas aos resultados correspondentes.

2 2 + 3 9 = •   • 62

4 8 + 1 4 = •   • 60

2 8 + 3 5 = •   • 63

4 0 + 2 0 = •   • 61

Desafio

Letícia tem 9 anos, e a mãe dela tem 35. Quando Letícia nasceu, quantos anos a mãe dela tinha?

Quando Letícia nasceu, a mãe dela tinha _____ anos.

70 setenta

Unidade 8 — Mais adições e subtrações

Tarefa 34

1 Observe a quantia, em reais, de Ana e de Mário.

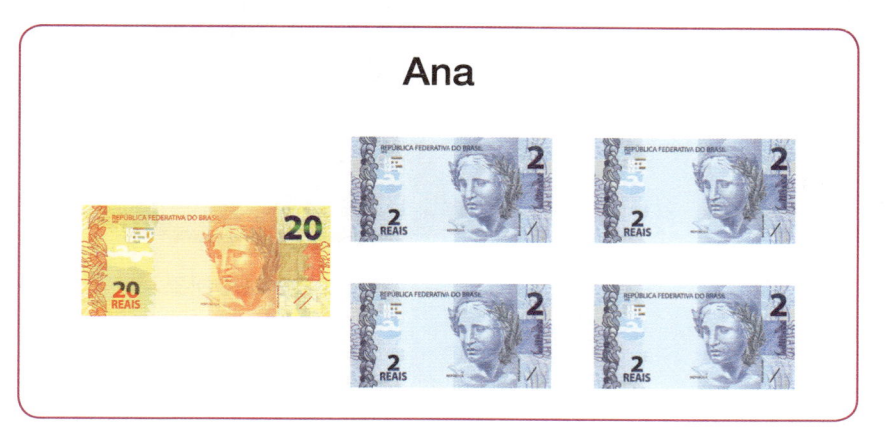

Ana | Mário

a) Quantos reais Ana possui? _____

b) Quantos reais Mário possui? _____

c) Quantos reais Ana tem a mais que Mário? _____

d) Represente essa situação por meio de uma subtração.

_____ − _____ = _____

2 No sábado, Bruno começou a estudar às 9 horas da manhã e terminou às 11 horas da manhã.

Quantas horas Bruno estudou no sábado? _____

setenta e um 71

Unidade 8 — Mais adições e subtrações

3 Observe as imagens e complete.

10 kg de batatas

8 kg de cebolas

a) O saco de _____ tem _____ quilogramas de massa a mais que o saco de _____.

b) Represente essa situação por meio de uma subtração.

_____ − _____ = _____

Desafio

Complete os espaços abaixo com a medida do comprimento de cada objeto.

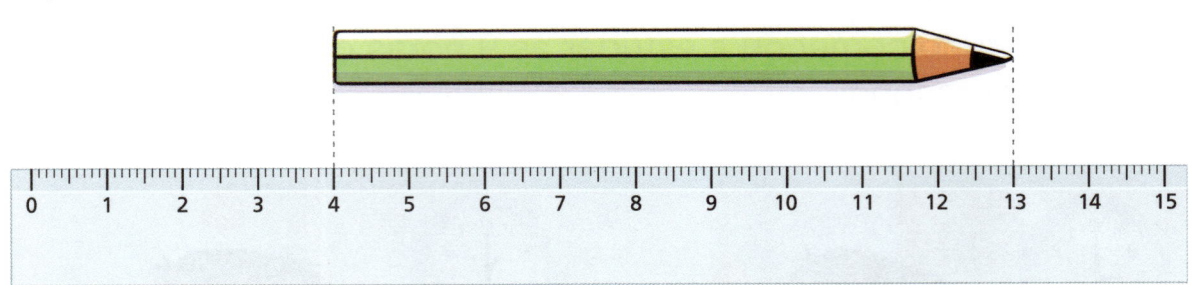

O lápis tem _____ cm de comprimento.

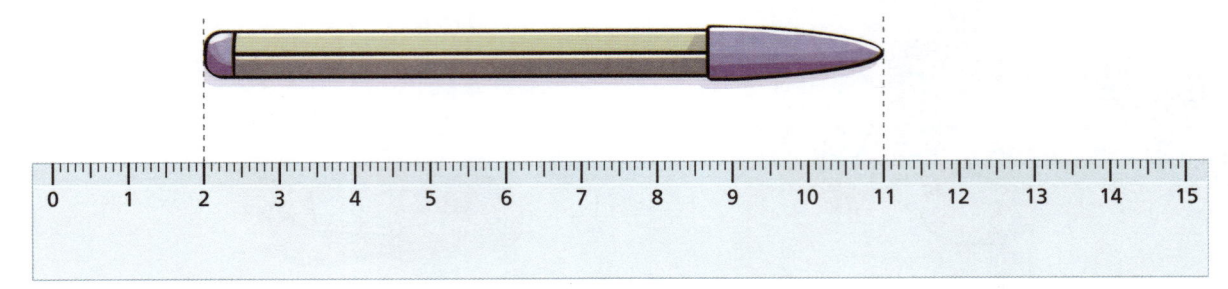

A caneta tem _____ cm de comprimento.

72 setenta e dois

Unidade 8 — Mais adições e subtrações

Tarefa 35

1 Complete os espaços.

a) 9 dezenas − 4 dezenas = _____ dezenas

b) 90 unidades − 40 unidades = _____ unidades

2 Observe a quantia, em reais, de Bruno e de Isabela.

Bruno — 50 reais

Isabela — 20 reais

Quem tem a maior quantia em reais? Quanto a mais?

_____

3 Laura já fez 135 cocadas e 142 bolinhos de coco para a festa de aniversário de sua neta. Sabendo que ela fará, ao todo, 160 cocadas e 270 bolinhos de coco, quantas cocadas e quantos bolinhos de coco Laura ainda precisa fazer?

Laura ainda precisa fazer _____ cocadas

e _____ bolinhos de coco.

setenta e três 73

Unidade 8 — Mais adições e subtrações

4 Um ônibus partiu da rodoviária com 46 pessoas. Observe abaixo quantas pessoas desceram na primeira parada.

a) Quantas pessoas desceram do ônibus na primeira parada? _____

b) Quantas pessoas ficaram no ônibus? _____

c) Para que tivessem ficado 40 pessoas no ônibus, quantas deveriam ter descido? _____

Desafio

Resolva as adições a seguir, utilizando a conta armada e outra maneira que você pensar.

Operação	Conta armada	Outra maneira
18 + 21	18 + 21 _____	18 = 10 + 8 21 = 20 + 1 30 + 9 = 39
42 + 35		
25 + 34		

74 setenta e quatro

Unidade 8 — Mais adições e subtrações

Tarefa 36

1 Preencha o quadro de acordo com a fala do vendedor.

> Vendemos 24 pipas vermelhas, 40 pipas verdes e 36 pipas azuis.

Número de pipas vendidas	
Cor	Quantidade
Vermelha	
Verde	
Azul	

▶ Agora, complete as frases abaixo.

a) Foram vendidas _____ pipas azuis a mais que pipas vermelhas.

b) Foram vendidas _____ pipas verdes a mais que pipas azuis.

c) Foram vendidas _____ pipas verdes a mais que pipas vermelhas.

2 Ligue a sequência de teclas aos resultados correspondentes.

8 7 − 5 9 = •   • 27

9 1 − 6 4 = •   • 26

9 6 − 7 0 = •   • 28

setenta e cinco 75

Unidade 8 — Mais adições e subtrações

3 Dos 56 televisores em estoque de uma loja, 34 foram vendidos em uma promoção. Quantos televisores sobraram?

D | U

Sobraram _____ televisores.

4 Calcule o resultado de cada uma das subtrações.

a) 54 – 33 = _____

D | U

b) 42 – 25 = _____

D | U

c) 71 – 38 = _____

D | U

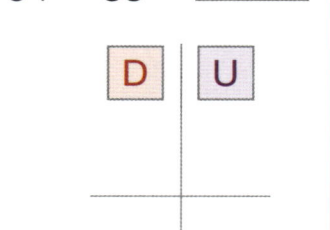

Desafio

Uma coleção de miniaturas de navios é composta de 458 unidades. Luciano já adquiriu 195 delas. Quantas miniaturas de navios faltam para ele completar essa coleção?

Faltam _____ miniaturas de navios para Luciano completar a coleção.

Unidade 8 — Mais adições e subtrações

Tarefa 37

1 Escreva as quantias a seguir, empregando o símbolo R$.

a) Oito reais ▶ _____

b) Dezesseis reais ▶ _____

c) Vinte e nove reais ▶ _____

d) Cinquenta e cinco reais ▶ _____

e) Setenta reais ▶ _____

2 Escreva, por extenso, os valores apresentados em real.

a) R$ 9,00 ▶ _____

b) R$ 24,00 ▶ _____

c) R$ 87,00 ▶ _____

d) R$ 30,00 ▶ _____

e) R$ 40,00 ▶ _____

f) R$ 52,00 ▶ _____

3 Luís ganhou uma moeda de 1 real e uma cédula de 5 reais.

Quanto Luís ganhou? _____

4 Pesquise, com a ajuda de um adulto, o preço dos produtos a seguir e escreva o valor de cada um, em real, nos espaços correspondentes.

setenta e sete **77**

Unidade 8 — Mais adições e subtrações

5 Observe os anúncios para jogos de *videogame*. Depois, responda às questões.

73 reais   *24 reais*

a) Se você comprasse um jogo de cada, quanto gastaria? _____

D	U

b) E se comprasse dois jogos do mais barato? _____

D	U

Desafio

Mônica comprou uma boneca por 30 reais e pagou com duas cédulas de 20 reais. Quanto ela recebeu de troco?

Mônica recebeu _____ de troco.

78 setenta e oito

Unidade 8 — Mais adições e subtrações

Tarefa 38

1) Observe o anúncio de uma loja e responda: o carrinho maior é mais caro que o menor? Se sim quanto?

_____. O carrinho maior é _____ reais mais caro que o menor.

2) Observe o preço dos produtos nas prateleiras de uma loja. Em seguida, resolva os problemas.

a) Flávia comprou a bolsa e o carrinho. Quanto ela gastou ao todo?

Flávia gastou _____ reais.

b) Beatriz comprou o ursinho e a boneca. Quanto ela gastou ao todo?

Beatriz gastou _____ reais.

setenta e nove 79

Unidade 8 — Mais adições e subtrações

3 Maria foi ao supermercado e comprou 6 pacotes de arroz. Cada pacote custou 5 reais. Quanto Maria gastou ao todo?

Maria gastou _____ ao todo.

4 Marque com um **X** o brinquedo que você acredita ser o mais caro.

Desafio

Observe a cena abaixo e invente um problema para ela. A seguir, resolva-o.

Enunciado ▶ _____

_____

Resposta ▶ _____

_____

80 oitenta

Unidade 9 — Localização e deslocamento

Tarefa 39

1. Observe o código e desenhe o caminho que o coelho fez até sua toca.

   Código do caminho do coelho. ↑→↑→→↓↓→↑→→→↓↓↓→

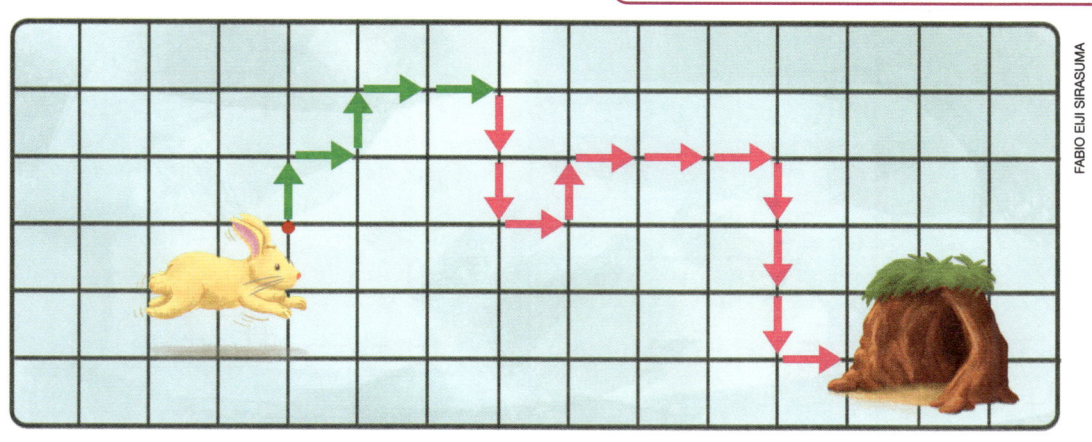

2. Observe a planta baixa de um apartamento.

   a) Quantos quartos possui esse apartamento? _____

   b) Esse apartamento possui varanda? _____

   c) Escreva todos os elementos que você consegue perceber na planta acima.

   _____

   _____

oitenta e um 81

Unidade 9 — Localização e deslocamento

Desafio

Observe o mapa abaixo.

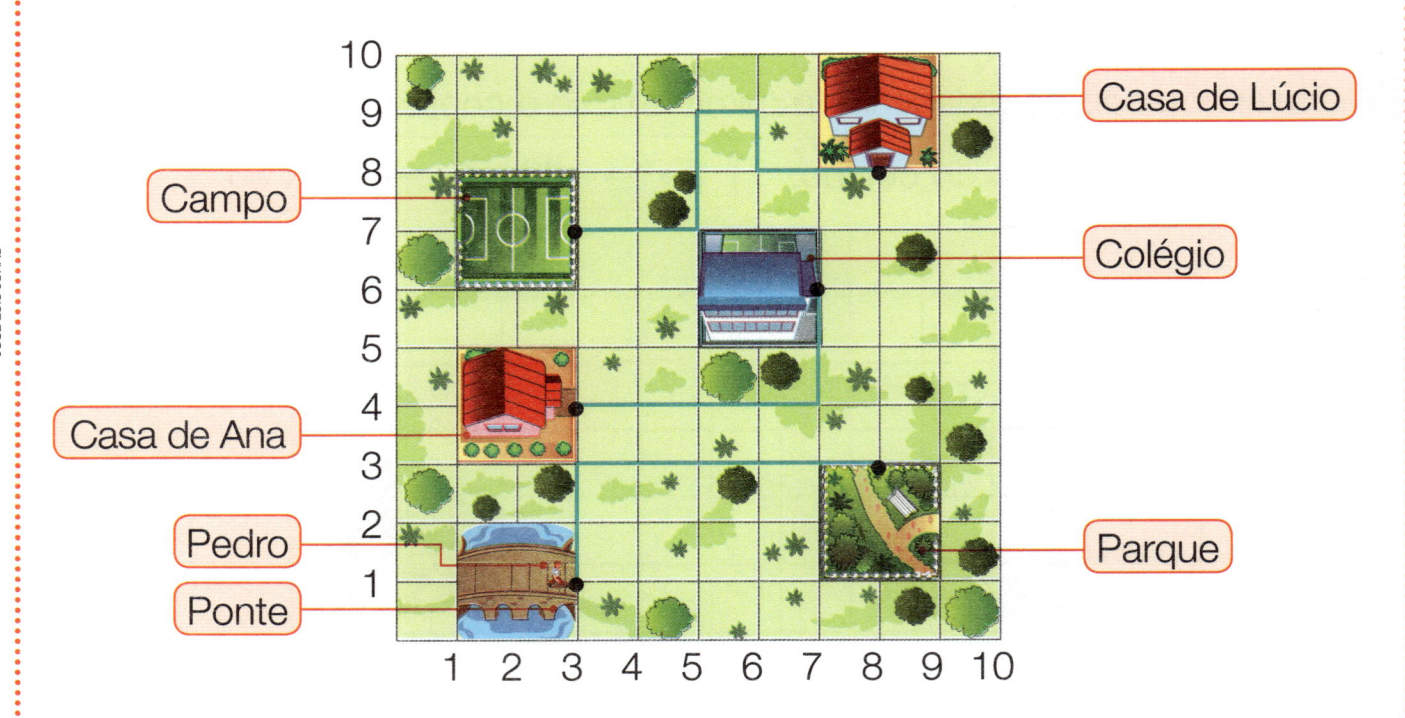

[mapa com malha quadriculada 10×10, com localização de: Campo, Casa de Ana, Pedro, Ponte, Colégio, Casa de Lúcio, Parque]

Para ir de casa até o colégio, Ana seguiu um caminho que pode ser representado pelo código abaixo:

$$4\rightarrow \quad 2\uparrow$$

Escreva o código que representa o caminho que Pedro utilizou para ir da ponte até o parque.

☐ ☐

Escreva o código que representa o caminho que Lúcio utilizou para ir de casa até o campo de futebol.

☐ ☐ ☐ ☐ ☐

Trace na malha quadriculada o caminho, de acordo com o código abaixo, que Pedro faz para ir da ponte até a casa de Lúcio.

$$6\rightarrow \quad 6\uparrow \quad 1\leftarrow \quad 1\uparrow$$

82 oitenta e dois

Unidade 10 — Multiplicação

Tarefa 40

1 Transforme as adições em multiplicações e resolva-as.

a) 7 + 7 + 7 + 7 = _____

b) 3 + 3 + 3 + 3 + 3 = _____

c) 8 + 8 + 8 = _____

d) 2 + 2 + 2 + 2 + 2 + 2 + 2 + 2 = _____

e) 5 + 5 + 5 + 5 + 5 + 5 + 5 = _____

2 Complete os espaços com os sinais >, < ou =.

a) 6 × 4 _____ 6 + 4

b) 5 × 8 _____ 8 + 8 + 8 + 8 + 8

c) 7 × 6 _____ 7 × 7

d) 6 + 6 + 6 + 6 _____ 4 × 6

3 Quantos selos foram colados no envelope ao lado?

Foram colados _____ selos no envelope.

4 Uma semana completa tem 7 dias. A viagem de Ângelo durou 5 semanas completas. Quantos dias durou a viagem de Ângelo?

A viagem de Ângelo durou _____ dias.

oitenta e três 83

Unidade 10 — Multiplicação

5 Há quantos cubinhos em cada figura?

a) _____

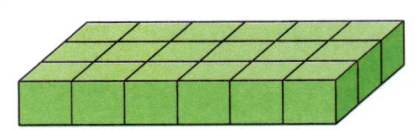

b) _____

6 Resolva as multiplicações a seguir.

a) 3 × 5 = _____
b) 5 × 9 = _____
c) 3 × 6 = _____
d) 2 × 6 = _____

e) 4 × 8 = _____
f) 2 × 9 = _____
g) 3 × 4 = _____
h) 3 × 7 = _____

i) 4 × 7 = _____
j) 5 × 6 = _____
k) 5 × 8 = _____
l) 5 × 7 = _____

7 Determine o valor do ☐ nas multiplicações abaixo.

a) ☐ × 9 = 45
b) 7 × ☐ = 28

c) 3 × ☐ = 18
d) ☐ × 5 = 5

e) ☐ × 2 = 20
f) 4 × ☐ = 36

Desafio

Quantos quadrinhos foram utilizados no desenho do palhaço?

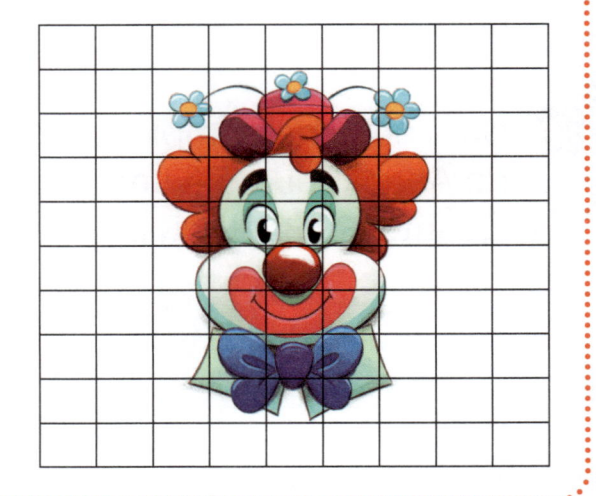

Foram utilizados _____ quadrinhos.

84 oitenta e quatro

Unidade 10 — Multiplicação

Tarefa 41

1 Lucas tomou 4 copos de suco durante o dia. Mário tomou o dobro. Quantos copos de suco Mário tomou?

Mário tomou _____ copos de suco.

Mário   Lucas

2 Observe o painel ao lado e escreva uma multiplicação para determinar o número de chaves que ele tem.

Esse painel tem _____ chaves.

3 Pinte o número de quadradinhos correspondentes às multiplicações indicadas, conforme exemplo.

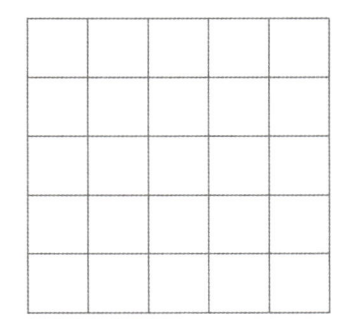

Exemplo:
5 × 3

a) 4 × 3

b) 2 × 5

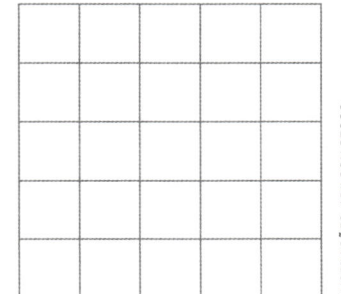

oitenta e cinco 85

Unidade 10 — Multiplicação

4 Complete o quadro com os resultados que estão faltando.

×	1	2	3	4	5	6	7	8	9	10
1	1		3				7			
2		4			12					
3			9					24		
4					20					40
5			15				35			

5 Ângela comprou 3 mangas. Inês comprou 3 vezes essa quantidade. Quantas mangas as duas compraram juntas?

As duas compraram juntas _____ mangas.

6 Eu tenho 7 anos. Meu pai tem o dobro dessa idade mais 25 anos. Qual é a idade do meu pai?

Meu pai tem _____ anos.

Desafio

Para entrar em campo, um time titular de futebol precisa de quantos pares de chuteiras e de quantos pares de meiões?

_____
_____
_____

Seleção brasileira na Copa do Mundo de futebol feminino, em Moncton, Canadá, 2015.

oitenta e seis

Unidade 10 **Multiplicação**

Tarefa 42

1 Observando a vista de cima de um estacionamento, quantas motos paradas podemos ver?

_____

2 Leia o que o professor escreveu na lousa.

Produto é o nome dado ao resultado de uma multiplicação.

Assim, o produto de 3 e 4 é 12, porque 3 × 4 = 12.

Agora, responda às questões.

a) Qual é o produto de 5 e 2? _____

b) Qual é o produto de 2 e 5? _____

c) Você seria capaz de descobrir dois números cujo produto seja 20?

_____

oitenta e sete 87

Unidade 10 — Multiplicação

3 Veja ao lado que interessante!

Agora é sua vez.

Complete os espaços.

$2 \times 2 = 4$ $3 \times 3 = 9$

a) _____ × _____ = _____

b) _____ × _____ = _____

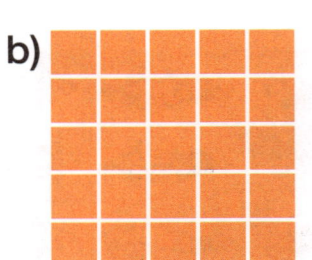

4 Em um jardim, havia 5 dezenas de flores. O jardineiro plantou mais uma dúzia e meia. Com quantas flores o jardim ficou?

O jardim ficou com _____ flores.

Desafio

Veja como funciona a pontuação em um campeonato de futebol.

Vitória	3 pontos
Empate	1 ponto
Derrota	0 ponto

Em 10 jogos, o time Verde venceu 3 partidas, empatou 4 e perdeu as outras 3. Quantos pontos o time Verde conquistou nesses 10 jogos?

O time Verde conquistou _____ pontos nesses 10 jogos.

Unidade 11 — Divisão

Tarefa 43

1 Complete os espaços abaixo.

a) A metade de 8 é _____.

b) A metade de 12 é _____.

c) A metade de 16 é _____.

d) A metade de 18 é _____.

2 Arme e efetue as divisões.

a) 21 ÷ 3 = _____

b) 36 ÷ 4 = _____

c) 40 ÷ 5 = _____

3 Ana tinha 32 DVDs. Dividiu essa quantidade, organizando os DVDs igualmente em 4 caixas. Quantos DVDs Ana colocou em cada caixa?

Ana colocou _____ DVDs em cada caixa.

4 Ligue os quadros que representam a mesma quantidade.

5 dúzias	•	•	3 dezenas
2 dúzias e meia	•	•	15 unidades
1 dezena e meia	•	•	6 dezenas

oitenta e nove 89

Unidade 11 — Divisão

5 Vivian tinha 15 biscoitos para dividir igualmente entre 3 cachorros. Quantos biscoitos cada um deles recebeu?

Cada cachorro recebeu _____ biscoitos.

6 Karina tinha 12 chaveiros e ganhou mais três dúzias. Então, ela resolveu guardá-los em 6 caixas, colocando a mesma quantidade de chaveiros em cada uma. Quantos chaveiros Karina colocou em cada caixa?

Karina colocou _____ chaveiros em cada caixa.

7 Luísa tinha 21 pulseiras para embalar. Ela as distribuiu em quantidades iguais em 3 saquinhos. Quantas pulseiras Luísa colocou em cada saquinho?

Luísa colocou _____ pulseiras em cada saquinho.

Desafio

Faça as operações com a sequência indicada a seguir.

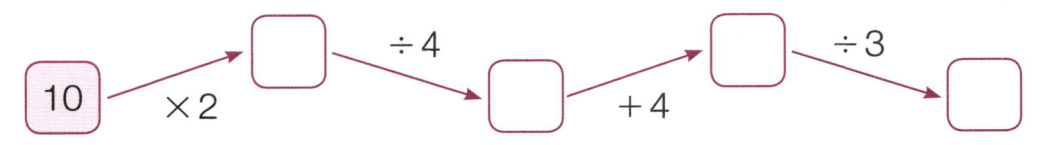

10 →×2→ ☐ →÷4→ ☐ →+4→ ☐ →÷3→ ☐

90 noventa

Unidade 11 — Divisão

Tarefa 44

1 Cerque com uma linha a metade dos objetos que aparecem em cada situação e complete.

a) A metade de 6 é _____.

b) A metade de 10 é _____.

c) A metade de 12 é _____.

2 Determine:

a) a metade de 4 ▶ _____

b) a metade de 18 ▶ _____

3 Pinte as figuras na quantidade solicitada em cada caso a seguir.

a) Uma dúzia de morangos.

b) Meia dúzia de maçãs

noventa e um 91

Unidade 11 – Divisão

4 Complete os espaços a seguir.

a) 7 é a metade de _____.

b) 10 é a metade de _____.

c) 10 é o terço de _____.

d) 6 é o quarto de _____.

5 Carlos e André pescaram juntos 16 peixes e resolveram dividir essa quantidade igualmente. Com quantos peixes cada um ficou?

Cada um ficou com _____ peixes.

6 Um artesão tem 24 rodinhas para usar na produção de carrinhos. Sabendo que serão usadas 4 rodinhas em cada um, quantos carrinhos poderão ser produzidos com essa quantidade de rodinhas?

Poderão ser produzidos _____ carrinhos.

Desafio

Invente um problema cuja solução seja $12 \div 4 = 3$.
Faça um desenho ilustrativo no espaço ao lado.

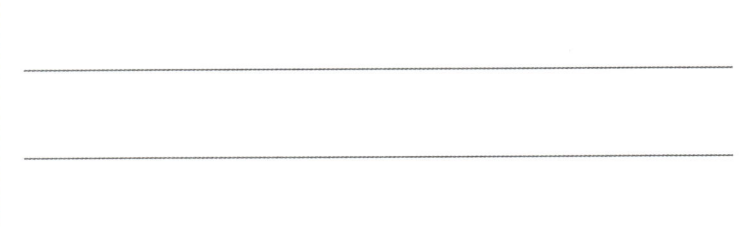

Unidade 11 — Divisão

Tarefa 45

1 Observe as figurinhas que João tem.

a) João quer dividir suas figurinhas igualmente entre 2 amigos. Quantas figurinhas cada amigo receberá? _____

b) Se João dividisse suas figurinhas igualmente entre 5 amigos, quantas figurinhas ele daria a cada um? _____

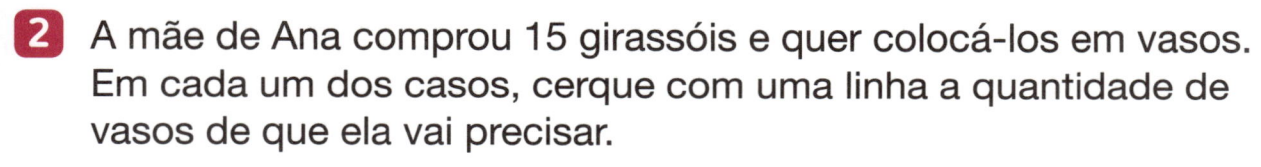

2 A mãe de Ana comprou 15 girassóis e quer colocá-los em vasos. Em cada um dos casos, cerque com uma linha a quantidade de vasos de que ela vai precisar.

a) Cada vaso terá 5 girassóis.

b) Cada vaso terá 3 girassóis.

3 Paulo tem uma dúzia e meia de soldadinhos. O irmão dele tem a metade dessa quantidade. Quantos soldadinhos têm os dois juntos?

Os dois têm juntos _____ soldadinhos.

noventa e três 93

Unidade 11 — Divisão

4 Veja na ilustração a seguir todos os bombons que Jussara fez. Depois, responda às questões.

a) Quantos bombons Jussara fez? _____

b) Jussara quer fazer pacotes com 4 bombons em cada um. Quantos desses pacotes ela conseguirá fazer? _____

5 Para revestir uma parede da cozinha de sua casa, Dário utilizou 2 caixas de azulejo.

Quantas paredes idênticas à revestida por Dário poderão ser revestidas com 8 caixas de azulejo? _____

Desafio

Em uma empreiteira, trabalham 28 pedreiros. Para reformar uma casa, o dono da empreiteira sempre forma um grupo de 4 pedreiros.

a) Complete a divisão que representa quantos grupos o dono da empreiteira pode formar com seus pedreiros.

28 ÷ _____ = _____

b) Quantas casas essa empreiteira pode reformar ao mesmo tempo?

_____

94 noventa e quatro

Unidade 11 — Divisão

Tarefa 46

1 Cristina usou uma dúzia e meia de maçãs para fazer suco para sua festa. Quantas maçãs foram usadas nesse suco?

Foram usadas _____ maçãs nesse suco.

2 Em março de 2018, foi realizado uma pesquisa com a turma da 2º ano A para saber qual era o brinquedo preferido dos alunos. Veja o resultado na tabela abaixo.

Brinquedo preferido	
Brinquedo	Número de votos
carrinho	10
boneca	12
videogame	6
patins	5

Dados obtidos pela professora em março de 2018.

a) Quais foram os dois brinquedos mais votados nessa pesquisa? _____

b) Marque com um **X** o brinquedo que teve a metade do número de votos da boneca.

Unidade 11 – Divisão

3 Rômulo comprou 2 dezenas de canetas azuis e 1 dúzia de canetas vermelhas. Quantas canetas ele comprou ao todo?

Rômulo comprou _____ canetas ao todo.

4 Em cada caso, quantas vezes a figura 2 cabe na figura 1?

a) Figura 1

Figura 2

A figura 2 cabe _____ vezes na figura 1.

b) Figura 1

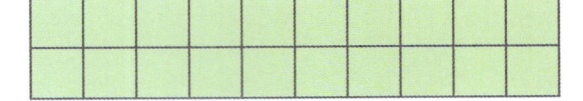

Figura 2

A figura 2 cabe _____ vezes na figura 1.

Desafio

Observe o canil ao lado.

Quantos cachorros são pretos? Essa quantidade representa a metade ou um terço do total de cachorros desse canil?

Unidade 11 — Divisão

Tarefa 47

1 Uma sala de aula tem 20 alunos. A professora quer formar grupos de 5 alunos cada um. Quantos grupos serão formados?

Serão formados _____ grupos.

2 Marisa sacou 50 reais no caixa eletrônico. Ela recebeu essa quantia em 4 cédulas de 5 reais, e o restante, em cédulas de 10 reais. Quantas cédulas de 10 reais Marisa recebeu?

Marisa recebeu _____ cédulas de 10 reais.

3 Bruno tinha 15 bolinhas de gude e ganhou mais 13. Resolveu distribuir todas as bolinhas igualmente entre 4 amigos. Quantas bolinhas de gude recebeu cada amigo de Bruno?

Cada amigo de Bruno recebeu _____ bolinhas de gude.

noventa e sete 97

Unidade 11 — Divisão

4 Paulo deseja presentear cada um de seus três sobrinhos, no Natal, com miniaturas de dois cavalos e dois cavaleiros medievais. Ele já possui quatro cavalos e cinco cavaleiros. Quantos cavalos e cavaleiros ainda falta comprar?

Falta comprar _____ cavalos e _____ cavaleiro.

5 Júlio colheu 70 cajus e ficou com 25. O restante, distribuiu em caixas com 5 unidades cada uma para doar aos vizinhos. Quantas caixas Júlio conseguiu formar com esses cajus?

Júlio conseguiu formar _____ caixas com esses cajus.

Desafio

Para o lançamento de um novo automóvel, uma revendedora encomendou 6 dezenas de miniaturas que foram distribuídas igualmente em 4 prateleiras. Quantas miniaturas desse automóvel foram colocadas em cada prateleira?

Foram colocadas _____ miniaturas.

Unidade 12 — Medidas de tempo e temperatura

Tarefa 48

1 Que horas cada relógio abaixo está marcando?

São _____ horas da manhã ou _____ horas da tarde.

São _____ horas da manhã ou _____ horas da tarde.

São _____ horas da manhã ou _____ horas da noite.

2 Desenhe os ponteiros nos relógios de acordo com a hora indicada em cada caso a seguir.

4 horas

7 horas

23 horas

3 Complete de acordo com o que se pede.

a) Meses do ano que começam com a letra **m** ▸ _____

b) Dias da semana que começam com a letra **s** ▸ _____

c) Dias da semana em que você não vai à escola ▸ _____

d) Dias da semana em que você vai à escola ▸ _____

noventa e nove

Unidade 12 — Medidas de tempo e temperatura

4 Um cronômetro serve para quê? Pesquise no dicionário.

_____

_____

_____

5 Observe a diferença de temperatura registrada em uma cidade no mesmo dia e determine a diferença, em grau Celsius, entre as duas temperaturas.

A diferença é de _____.

6 Uma partida de futebol, quando não há tempo extra, é disputada em dois tempos de 45 minutos. Qual é a duração total dessa partida?

A duração total de uma partida de futebol é _____ minutos.

Desafio

Responda às perguntas a seguir.

a) Quantas horas tem 1 dia?

_____

b) No mostrador dos relógios de ponteiros, quantas horas são indicadas?

_____

100 cem

cento e um 101

cento e dois

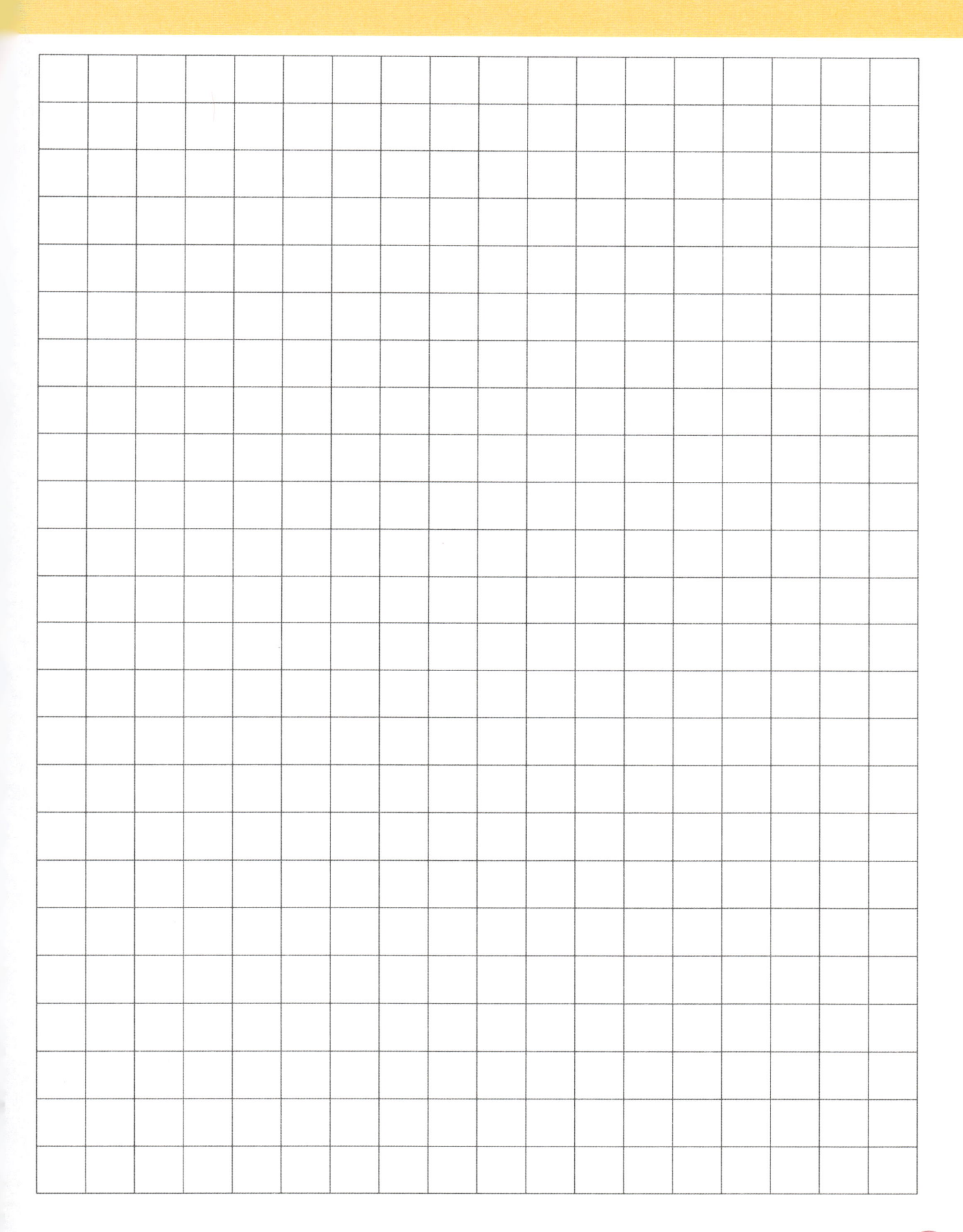